Konzentrationslager
Stadt
ESTLAND
LETTLAND
LITAUEN
UdSSR
EUTSCH-
LAND
Lodz
POLEN
uschwitz-Birkenau
AKEI
Košice
Wynohradiw
Marmaroschsiget
ARN
Cluj
eged
Makó
RUMÄNIEN

Jude

BALD SIND WIR WIEDER ZU HAUSE

Text:
Jessica Bab Bonde

Zeichnungen:
Peter Bergting

cross cult

Für alle, die mich zu der gemacht haben,
die ich bin, und mir die Möglichkeit gegeben haben,
frei leben und atmen zu können.
JBB

Impressum:
Die deutsche Ausgabe von
BALD SIND WIR WIEDER ZU HAUSE
wird herausgegeben von
Cross Cult / Andreas Mergenthaler,
Teinacher Straße 72, 71634 Ludwigsburg
Übersetzung: Monja Reichert
Lektorat: Matthias Höhne
Redaktion: Ludwig Bremauer
Druck: Hagemayer, Wien

ISBN: 978-3-96658-178-3
Juni 2020
www.cross-cult.de

Originalausgabe erschienen bei
Natur och Kultur, Stockholm
www.nok.se
info@nok.se

Inhalt

Vorwort

Tobias, Livia, Selma, Susanna, Emerich und Elisabeth. Ihr Leben begann genau wie meins oder deines. Möglicherweise hatten sie sogar mehr Glück als du. Als sie geboren wurden, konnten sie sich geborgen und sicher fühlen. Sie hatten alle Familie und Freunde. Sie hatten ein Zuhause, Nahrung und Kleidung. Sie hatten dieselben Sorgen und Probleme, die alle Kinder haben. Sie lebten alle in Freiheit und konnten heranwachsen, mit Freunden spielen, und einige von ihnen würden in die Schule gehen, andere sogar auf die Universität. Sie waren weder glücklicher noch trauriger als andere Kinder. Sie lebten so, wie du und ich es tun.

Dann plötzlich änderte sich ihr Leben. Für ein paar von ihnen änderten sich die Dinge langsam. So langsam, dass sie es kaum mitbekamen. Sie durften nicht auf bestimmte Straßen, durften in Parks nicht mit anderen Kindern spielen und mussten vielleicht auch aufhören, in die Schule zu gehen. Für andere geschah alles über Nacht. Sie wurden gezwungen, in ein anderes Viertel der Stadt zu ziehen und mit Menschen zusammenzuleben, die sie nicht kannten. Sie durften nicht zur Arbeit und nicht zur Schule gehen. Sie besaßen kein Geld und hatten kaum zu essen. Bald wurden sie jeglicher Freude, jeden Komforts und ihres Alltags beraubt. Bald gab es nur noch Angst und den Kampf um ihr Leben.

Sie alle haben Eltern, Geschwister, beste Freunde, Häuser, Kleidung und Lieblingssachen verloren. Mehr oder weniger ihr ganzes Leben. Wie konnte das passieren? Könnte uns das auch passieren? Dir und mir?

Während all dies geschah, ging das Leben für viele Menschen weiter, als ob überhaupt nichts geschehen wäre.

Nur wenige von ihnen lehnten sich auf, sprachen darüber, was sie seltsam oder falsch fanden. Zum Beispiel, dass ihre Freunde, Kollegen und Klassenkameraden nicht mehr arbeiten oder studieren durften, nur weil sie Juden waren. Einfach deshalb, weil sie sich auf die eine oder andere Weise von dem unterschieden, was die Machthaber als „normal" bezeichneten. Es gab allerdings nicht genug Menschen, die Stellung dazu bezogen. Die meisten kümmerten sich nicht darum, zu viele fühlten nicht mit denen, die so bloßgestellt wurden. Zu viele schauten weg und waren beruhigt, solange ihnen oder ihren Familien nichts passierte. Ich glaube, dass diese Dinge auch uns, dir und mir und unseren Familien passieren können. An anderen Orten in der Welt, aber auch hier in unserem eigenen Land. Leider glaube ich, dass dies sogar ganz leicht geschehen könnte. Es kann passieren, wenn wir uns nicht mehr darum kümmern, wie wir miteinander umgehen oder was in Ordnung ist und was nicht.

Tobias, Livia, Selma, Susanna, Emerich und Elisabeth haben uns ihre Geschichte erzählt, damit wir die Möglichkeit bekommen zu verstehen, was passieren kann, wenn wir mit der Freiheit, die wir heute haben, nicht vorsichtig umgehen. Wir sollten unser Recht, in Freiheit zu leben, nicht als selbstverständlich betrachten. Wenn wir so frei denken wollen, wie wir es gerne möchten, müssen wir auch unsere Mitmenschen so denken und glauben lassen, wie sie es wollen. Manchmal ist es schwierig zu akzeptieren, dass die Überzeugungen eines anderen sich von unseren unterscheiden, ja sie sogar herausfordern. Aber wir müssen Seite an Seite leben. Manchmal mag das wie eine schlechte Idee erscheinen. Aber friedlich zusammenzuleben ist viel besser, als wenn dir jemand wegen deiner Überzeugungen deine Freiheiten nimmt oder deine Menschenrechte verletzt. Du und ich und unsere Freunde, wir alle sind verantwortlich für unsere Welt und dafür, wie wir sie gestalten wollen. Wir müssen diese Verantwortung teilen. Gemeinsam.

Jessica Bab Bonde

Jessica Bab Bonde, Stockholm, Oktober 2017

GHETTO IN LODZ

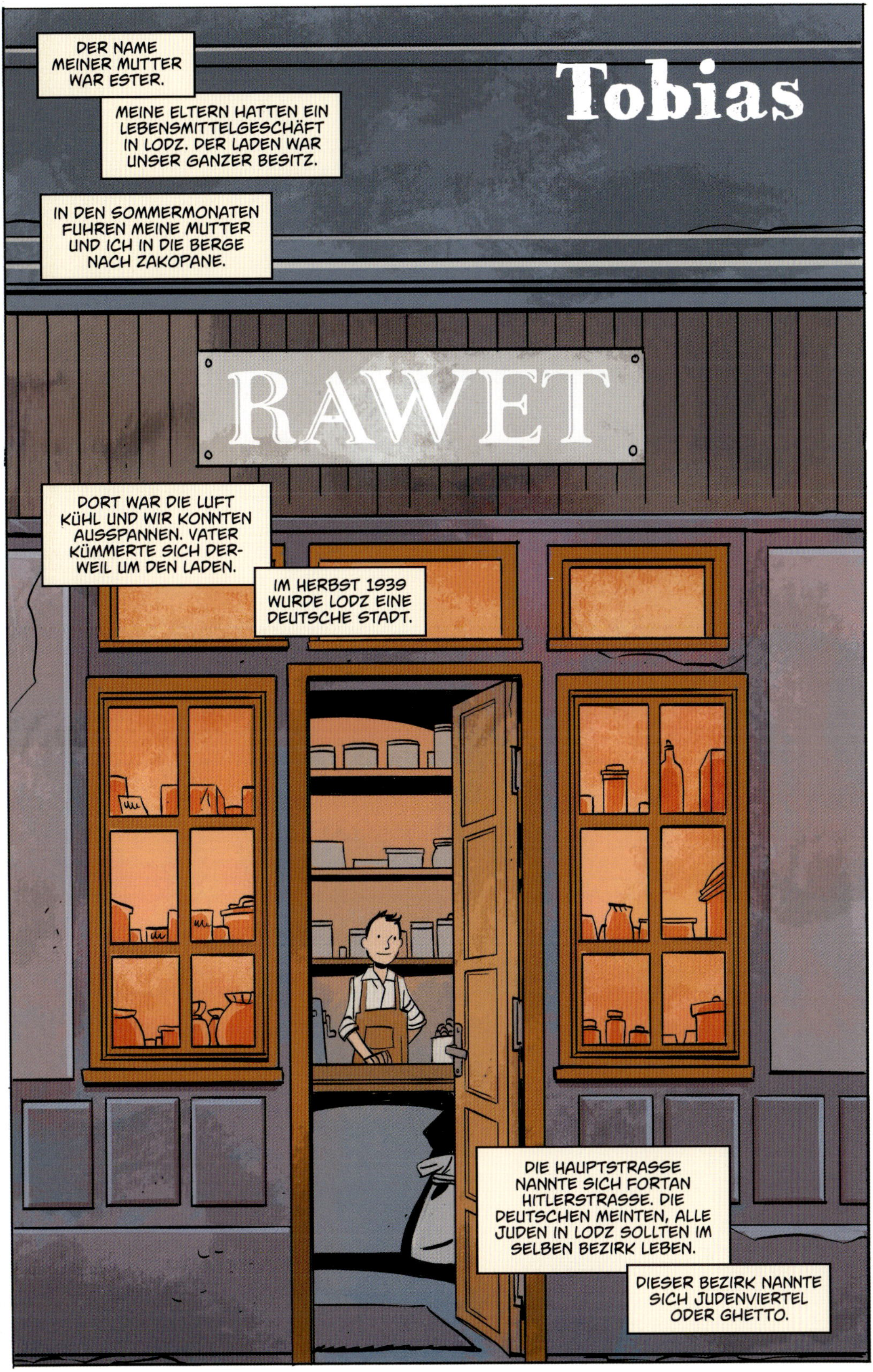

Tobias
DER NAME MEINER MUTTER WAR ESTER.
MEINE ELTERN HATTEN EIN LEBENSMITTELGESCHÄFT IN LODZ. DER LADEN WAR UNSER GANZER BESITZ.
IN DEN SOMMERMONATEN FUHREN MEINE MUTTER UND ICH IN DIE BERGE NACH ZAKOPANE.
RAWET
DORT WAR DIE LUFT KÜHL UND WIR KONNTEN AUSSPANNEN. VATER KÜMMERTE SICH DERWEIL UM DEN LADEN.
IM HERBST 1939 WURDE LODZ EINE DEUTSCHE STADT.
DIE HAUPTSTRASSE NANNTE SICH FORTAN HITLERSTRASSE. DIE DEUTSCHEN MEINTEN, ALLE JUDEN IN LODZ SOLLTEN IM SELBEN BEZIRK LEBEN.
DIESER BEZIRK NANNTE SICH JUDENVIERTEL ODER GHETTO.

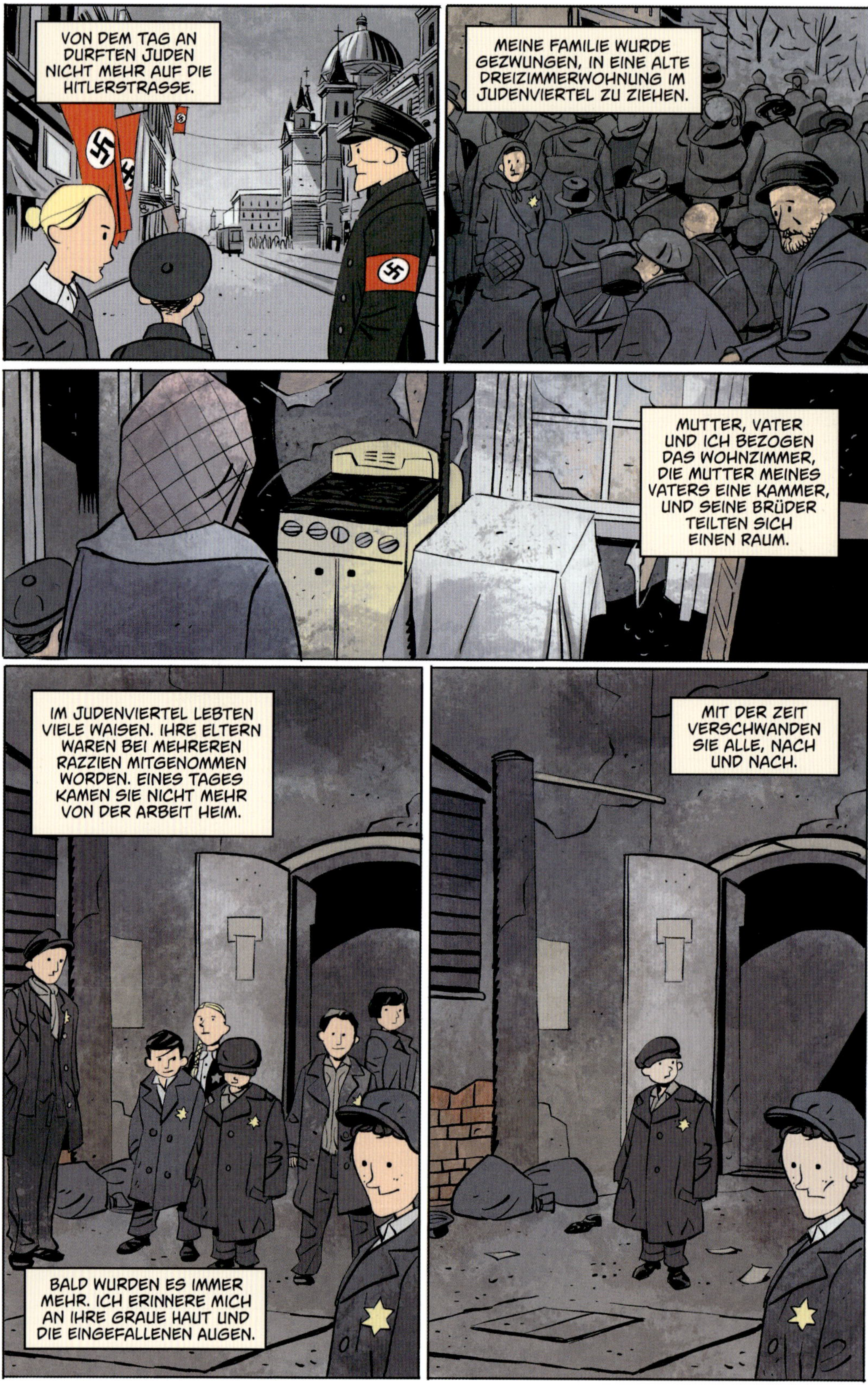
VON DEM TAG AN DURFTEN JUDEN NICHT MEHR AUF DIE HITLERSTRASSE.
MEINE FAMILIE WURDE GEZWUNGEN, IN EINE ALTE DREIZIMMERWOHNUNG IM JUDENVIERTEL ZU ZIEHEN.
MUTTER, VATER UND ICH BEZOGEN DAS WOHNZIMMER, DIE MUTTER MEINES VATERS EINE KAMMER, UND SEINE BRÜDER TEILTEN SICH EINEN RAUM.
IM JUDENVIERTEL LEBTEN VIELE WAISEN. IHRE ELTERN WAREN BEI MEHREREN RAZZIEN MITGENOMMEN WORDEN. EINES TAGES KAMEN SIE NICHT MEHR VON DER ARBEIT HEIM.
BALD WURDEN ES IMMER MEHR. ICH ERINNERE MICH AN IHRE GRAUE HAUT UND DIE EINGEFALLENEN AUGEN.
MIT DER ZEIT VERSCHWANDEN SIE ALLE, NACH UND NACH.

JEDEN ZEHNTEN TAG HOLTEN WIR UNSERE BROTRATION.
IST DAS ALLES, WAS UNS ZUSTEHT? WIE SOLLEN WIR DAVON LEBEN?
MEINE MUTTER WICKELTE DAS BROT IN EIN FEUCHTES TUCH. JEDEN MORGEN SCHNITT SIE DÜNNE SCHEIBEN FÜR UNS SECHS AB.
GUT, ES SCHIMMELT NOCH NICHT.
MEINE GROSSMUTTER STARB AN UNTER-ERNÄHRUNG WÄHREND DES PASSAHFESTS.
SIE HATTE GLÜCK. SIE STARB, ALS WIR ALLE NOCH ZUSAMMEN WAREN.
BIS ENDE AUGUST 1942 MUSSTEN ALLE KINDER UNTER ZEHN JAHREN ÜBERGEBEN WERDEN.
TOLEK, KOMM SCHNELL!
LKWS FUHREN INS GHETTO UND HOLTEN DIE KRANKEN MENSCHEN AUS DEN KRANKENHÄUSERN. DANN GINGEN SIE VON HAUS ZU HAUS UND NAHMEN ALLE ÄLTEREN MENSCHEN, ARBEITSUNFÄHIGE UND KINDER UNTER ZEHN JAHREN MIT.
MAN WARF SIE AUF DIE LADERAMPEN.

SETZ DICH AUF DIE MATRATZE, TOLEK. DU KANNST DICH HINLEGEN, AUFSTEHEN ODER SITZEN. ABER VERLASS NIEMALS DIE MATRATZE UND MACH KEINEN LÄRM.
MEINE ELTERN KAMEN JEDEN ABEND HOCH, UM MIR ESSEN UND WASSER ZU BRINGEN. WENN SIE GINGEN, NAHMEN SIE DEN EIMER MIT, DEN ICH TAGSÜBER ALS TOILETTE BENUTZTE.
ICH SASS EINEN MONAT UND ZWANZIG TAGE ALLEINE AUF DEM DACHBODEN.
EINES TAGES SAGTEN MIR VATER UND MUTTER, ICH KÖNNE WIEDER RUNTERKOMMEN.
ICH WAR SECHS JAHRE ALT, DOCH MEINE ELTERN HATTEN PAPIERE BESORGT, DIE BESAGTEN, ICH SEI ZEHN.
DAS BEDEUTETE, ICH KONNTE ARBEITEN UND HATTE ANSPRUCH AUF LEBENSMITTEL-MARKEN. ICH WURDE IN DER FIRMA AUS-GEBILDET, IN DER MEIN VATER ARBEITETE.

ICH WAR AM LEBEN. HATTE ÜBERLEBT. UND ICH ARBEITETE IM JUDENVIERTEL.
EIN WAGGON NACH DEM ANDEREN TRANSPORTIERTE DIE LEUTE NACH AUSCHWITZ. NIEMAND WUSSTE, WAS DAS BEDEUTETE.
EINS VON TAUSEND KINDERN ÜBERLEBTE DAS GHETTO VON LODZ UND DIE ZEIT DANACH. ICH WAR EINES DER KINDER, DIE ÜBERLEBTEN.
OFT DENKE ICH DARAN, WIE VIEL GLÜCK ICH HATTE.

IM JUDENVIERTEL GAB ES EINEN OFFIZIER. FRANZ SEIFFERT. IM HERBST 1944 WURDE IHM KLAR, DASS DIE DEUTSCHEN DEN KRIEG VERLIEREN WÜRDEN.
UND ER WOLLTE SCHNELLST-MÖGLICH WEG.
ER ARBEITETE AN EINEM PLAN, UM DAS GHETTO ZU VERLASSEN. MIT UNS ZUSAMMEN.
ER WOLLTE HELFEN, DAS VOM KRIEG ZERSTÖRTE DEUTSCHLAND WIEDERAUF-ZUBAUEN. DAFÜR BRAUCHTE ER DREIHUNDERT GEFANGENE, DIE ER SELBER AUSWÄHLTE.
EINER VON IHNEN WAR MEIN VATER. DEN GRUND DAFÜR WEISS ICH NICHT.
MEIN VATER UND DIE ENGSTE FAMILIE DURFTEN DAS VIERTEL VERLASSEN.

ENDE OKTOBER WAR DIE ZEIT GEKOMMEN.
ICH ERINNERE MICH AN DIE ZWEI ZÜGE, DIE AM BAHNHOF STANDEN.
MEIN VATER UND DIE ANDEREN GEFANGENEN STIEGEN IN DEN EINEN ZUG. ALS ALLE DREIHUNDERT VERFRACHTET WAREN, FUHR ER LOS.
DANACH WAREN MUTTER UND WIR ANDEREN DRAN. WIR WURDEN MIT ANDEREN FRAUEN UND KINDERN IN EINEM WAGGON SO ENG ZUSAMMENGEPFERCHT, WIE MAN ES SICH KAUM VORSTELLEN KANN.
AN EINEM ENDE DES WAGGONS STAND EIN EIMER WASSER, AM ANDEREN EIN LEERER EIMER. DER LEERE DIENTE ALS TOILETTE.
ICH VERSUCHTE, DURCH EINEN SCHLITZ ZWISCHEN DEN PLANKEN FRISCHE LUFT ZU ATMEN.

EINES TAGES HIELT DER ZUG AN.
DIE SCHWEREN TÜREN ÖFFNETEN SICH, UND WIR KONNTEN ENDLICH FRISCHE LUFT ATMEN. EIN SEGEN!
WIR WAREN IN RAVENSBRÜCK ANGEKOMMEN: EIN KONZENTRATIONSLAGER FÜR FRAUEN, WO WIR BLEIBEN SOLLTEN, BIS HERR SEIFFERTS PLAN FERTIG WAR UND WIR MIT DER ARBEIT BEGINNEN KONNTEN.
LOS! RAUS!
WUFF WUFF WUFF
KEINER WUSSTE, WIE LANGE ES DAUERN WÜRDE.
WUFF WUFF WUFF
ENT-KLEIDEN UND AN DIE WAND!
UNSERE MÜTTER WURDEN GEZWUNGEN, IHRE KLEIDER AUSZUZIEHEN.
NICHT DIE KINDER!

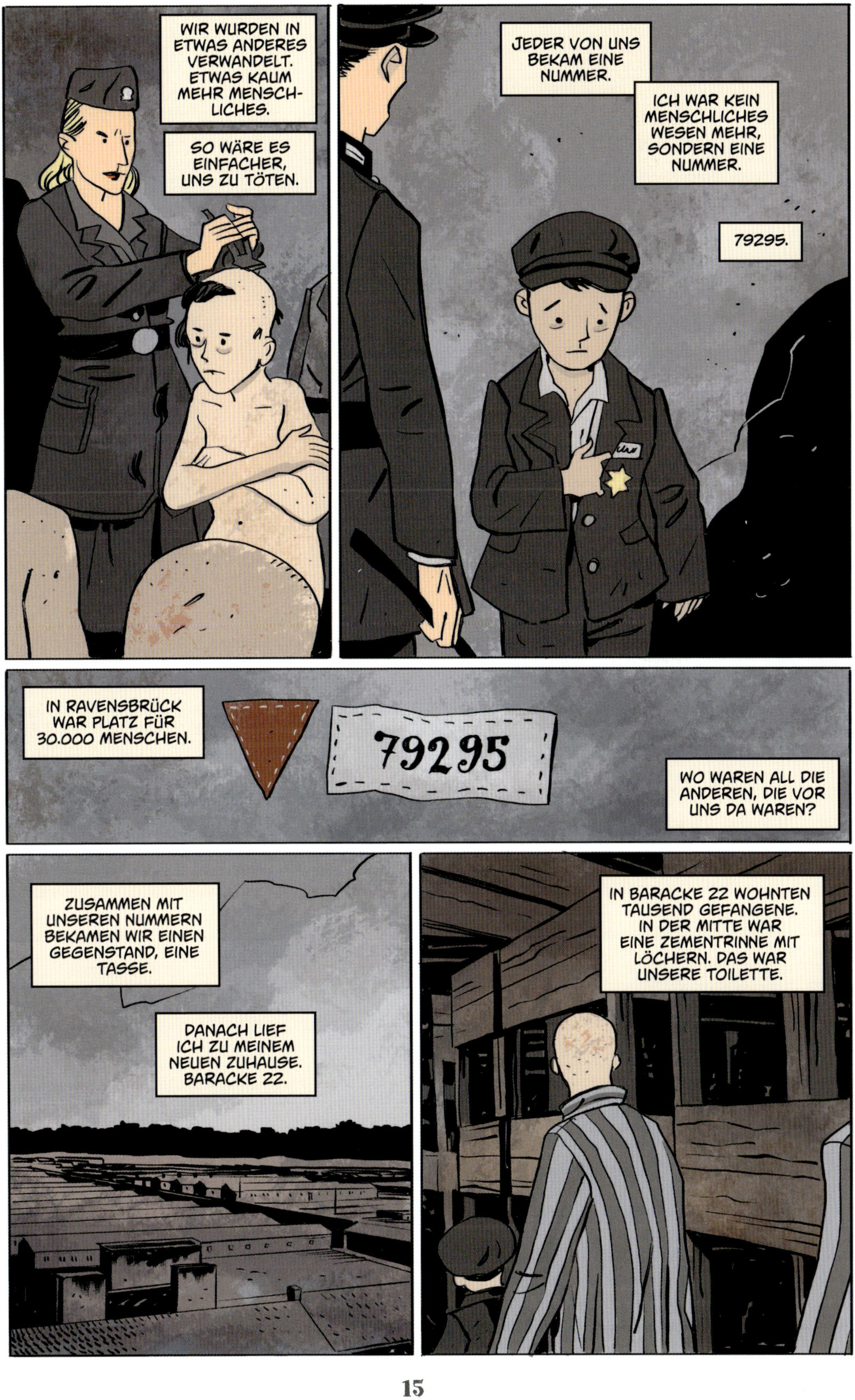
WIR WURDEN IN ETWAS ANDERES VERWANDELT. ETWAS KAUM MEHR MENSCHLICHES.
SO WÄRE ES EINFACHER, UNS ZU TÖTEN.
JEDER VON UNS BEKAM EINE NUMMER.
ICH WAR KEIN MENSCHLICHES WESEN MEHR, SONDERN EINE NUMMER.
79295.
IN RAVENSBRÜCK WAR PLATZ FÜR 30.000 MENSCHEN.
79295
WO WAREN ALL DIE ANDEREN, DIE VOR UNS DA WAREN?
ZUSAMMEN MIT UNSEREN NUMMERN BEKAMEN WIR EINEN GEGENSTAND, EINE TASSE.
DANACH LIEF ICH ZU MEINEM NEUEN ZUHAUSE. BARACKE 22.
IN BARACKE 22 WOHNTEN TAUSEND GEFANGENE. IN DER MITTE WAR EINE ZEMENTRINNE MIT LÖCHERN. DAS WAR UNSERE TOILETTE.

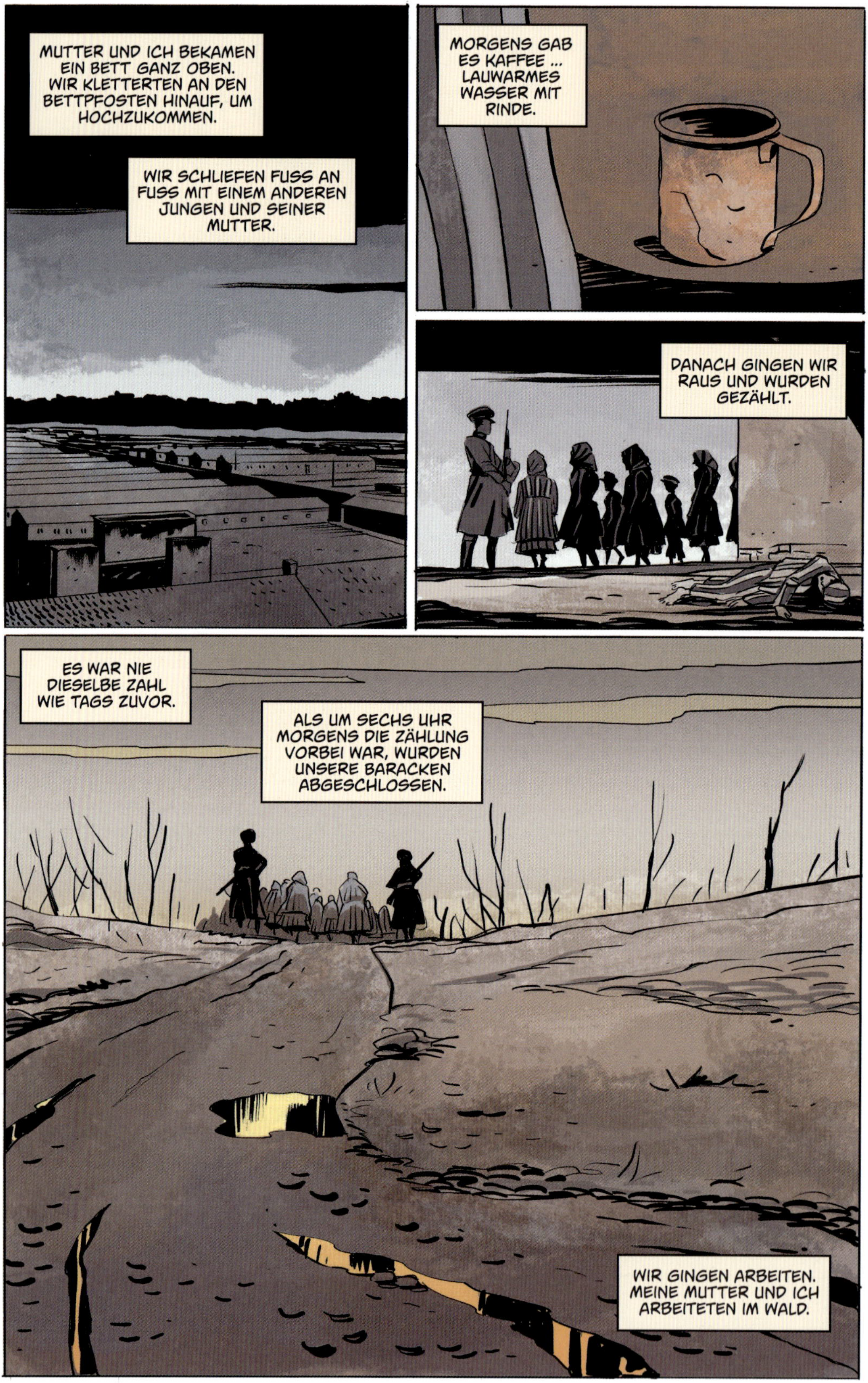
MUTTER UND ICH BEKAMEN EIN BETT GANZ OBEN. WIR KLETTERTEN AN DEN BETTPFOSTEN HINAUF, UM HOCHZUKOMMEN.
WIR SCHLIEFEN FUSS AN FUSS MIT EINEM ANDEREN JUNGEN UND SEINER MUTTER.
MORGENS GAB ES KAFFEE ... LAUWARMES WASSER MIT RINDE.
DANACH GINGEN WIR RAUS UND WURDEN GEZÄHLT.
ES WAR NIE DIESELBE ZAHL WIE TAGS ZUVOR.
ALS UM SECHS UHR MORGENS DIE ZÄHLUNG VORBEI WAR, WURDEN UNSERE BARACKEN ABGESCHLOSSEN.
WIR GINGEN ARBEITEN. MEINE MUTTER UND ICH ARBEITETEN IM WALD.

WIR MUSSTEN PLATZ FÜR EINE LANDEBAHN SCHAFFEN.
BEEILT EUCH!
VIELE BÄUME WURDEN GEFÄLLT, UND MEINE MUTTER SÄGTE SIE IN STÜCKE ...
... UND ICH STAPELTE SIE.

ZU MITTAG GAB ES EIN STÜCK WURST UND SUPPE AUS WASSER UND KARTOFFELSCHALEN.
MEINE MUTTER GAB IHR STÜCK WURST IMMER MIR. DAMIT ICH ÜBERLEBTE.
DIE ZEIT IM JUDENVIERTEL WAR FURCHTBAR, DOCH RAVENSBRÜCK WAR DIE HÖLLE. ABER ICH HATTE MEINE MUTTER, DAS WAR GROSSES GLÜCK.
UND ES WAR EIN KONZENTRATIONSLAGER, KEIN VERNICHTUNGSLAGER. WÄREN WIR NÄMLICH DORTHIN GESCHICKT WORDEN, HÄTTE MAN UNS SOFORT GETÖTET.
DAS TATEN SIE MIT DEN SCHWACHEN, DEN JÜNGSTEN UND ÄLTESTEN.
AUSSERHALB BERLINS.
ALS DIE FABRIK FERTIGGEBAUT WAR, LIESS FRANZ SEIFFERT SICH SEINE GEFANGENEN SCHICKEN. MIT EINEM ZUG KAMEN WIR AN EINEN NEUEN ORT, AN DEM WIR UMS ÜBERLEBEN KÄMPFEN MUSSTEN.
WIR ARBEITETEN JEDEN TAG, VON DER DÄMMERUNG BIS ZUM SONNENUNTERGANG, UND WURDEN GEJAGT UND GESCHLAGEN WIE IN RAVENSBRÜCK. AUCH HUNGER LITTEN WIR WEITER.

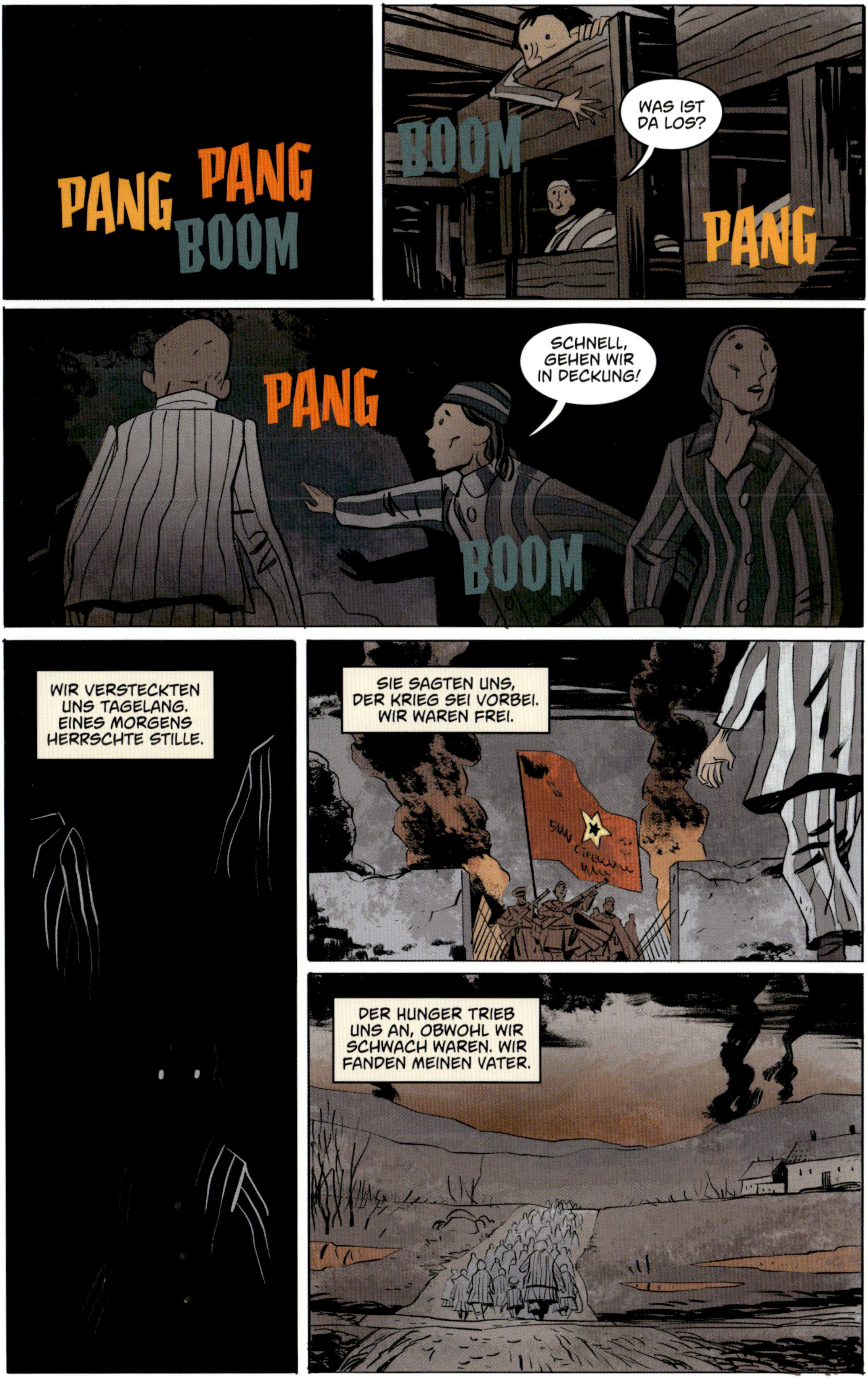
PANG PANG
BOOM
BOOM
WAS IST DA LOS?
PANG
PANG
SCHNELL, GEHEN WIR IN DECKUNG!
BOOM
WIR VERSTECKTEN UNS TAGELANG. EINES MORGENS HERRSCHTE STILLE.
SIE SAGTEN UNS, DER KRIEG SEI VORBEI. WIR WAREN FREI.
DER HUNGER TRIEB UNS AN, OBWOHL WIR SCHWACH WAREN. WIR FANDEN MEINEN VATER.

WIR KEHRTEN IN UNSERE HEIMATSTADT LODZ ZURÜCK UND ÖFFNETEN UNSER GESCHÄFT WIEDER.
WIR FANDEN EIN NEUES HAUS. IN UNSEREM ALTEN WOHNTEN ANDERE LEUTE.
MEINE ELTERN HÖRTEN NIE AUF, NACH UNSEREN VERWANDTEN ZU SUCHEN. MEIN VATER FAND HERAUS, DASS SEIN JÜNGERER BRUDER MIT DEM WEISSEN BUS DES ROTEN KREUZES NACH SCHWEDEN GEFAHREN WAR.
IM HERBST 1945 FING ICH AN, IN DIE SCHULE ZU GEHEN. ICH WAR NEUN JAHRE ALT UND KONNTE WEDER LESEN NOCH SCHREIBEN.
WENIGER ALS EIN JAHR SPÄTER WURDEN IN KIELCE 43 JUDEN VON POLIZEI, MILITÄR UND ZIVILISTEN ERMORDET. DIESE TAT GING ALS POGROM VON KIELCE IN DIE GESCHICHTE EIN.
IN POLEN WURDEN JUDEN GEJAGT UND GESCHLAGEN. ERNEUT.

MEIN VATER VERMISSTE SEINEN BRUDER.
NACH MEHREREN BESTECHUNGEN UND SCHWIERIGKEITEN BEKAMEN WIR PÄSSE, UM NACH SCHWEDEN ZU REISEN.
ICH WAR ZWÖLF JAHRE ALT, ALS DER ZUG AM HAUPTBAHNHOF IN STOCKHOLM ANKAM. MEIN ONKEL KAM UNS ABHOLEN, MIT EINER ÄLTEREN TANTE VON MIR, DIE ICH NIE VORHER GESEHEN HATTE.
SIE FRAGTE NACH MEINEM NAMEN. „TOLEK", ANTWORTETE ICH.
TOLEK? SO HEISST NIEMAND HIER. DU BRAUCHST EINEN SCHWEDISCHEN NAMEN. TOMMY ODER TOBIAS, SUCH ES DIR AUS.
MIR GEFIEL TOBIAS. ALSO WÄHLTE ICH DIESEN NEUEN NAMEN.
MEIN ONKEL BEWOHNTE AUSSERHALB STOCKHOLMS EINE ZWEIZIMMERWOHNUNG.
WIR DURFTEN NUR ZWEI WOCHEN BLEIBEN.
EINES TAGES ERZÄHLTE UNS EIN NACHBAR VON DER AUSLÄNDISCHEN POLIZEI. ICH WURDE ZU IHNEN GESCHICKT UND SIE SAGTEN: „WIRF DEINEN PASS FORT, TOBIAS. IHR BEKOMMT SCHUTZPÄSSE."
WIR WURDEN STAATENLOS.

NACH EINER WEILE DURFTE ICH IN SCHWEDEN ZUR SCHULE GEHEN.
ICH WAR IM PARADIES ANGEKOMMEN.
MIT 25 TRAF ICH MONIKA. WIR HEIRATETEN UND SCHUFEN UNS EIN GLÜCKLICHES ZUHAUSE MIT UNSEREN DREI KINDERN.

Als **Tobias Rawet** 1992 hörte, wie der französische historische Revisionist Robert Faurisson behauptete, dass der Holocaust nie stattgefunden hätte, war er schockiert. Seine schrecklichen Kindheitserfahrungen sollten nie stattgefunden haben? Er beschloss daraufhin, sein Leben dem Erzählen der wahren Geschichte darüber zu widmen, was passiert, wenn antidemokratische Mächte in der Regierung sitzen. Und davor zu warnen, was passiert, wenn die Menschenrechte jedes Einzelnen nicht verteidigt werden. Seitdem hat er jeden jungen Menschen dazu angehalten, die Augen zu öffnen und sich für Gleichheit und Toleranz einzusetzen.

Livia
MEIN NAME IST LIVIA FRÄNKEL.
ICH WURDE IN MARMAROSCHSIGET GEBOREN. DIE STADT HATTE GROSSEN EINFLUSS AUF DIE EUROPÄISCHE UND JÜDISCHE GESCHICHTE.
MARMAROSCHSIGET LIEGT IM NORDEN VON TRANSSILVANIEN, WO SICH DIE FLÜSSE THEISS UND IZA TREFFEN, IN EINER WEITLÄUFIGEN LANDSCHAFT, DIE VON BERGEN UMGEBEN IST.
WIR WAREN ZU VIERT IN MEINER FAMILIE. MEINE ÄLTERE SCHWESTER HÉDI UND ICH, MEIN VATER IGNATZ UND MEINE MUTTER FRIDA. ICH WURDE ALS KIND SEHR GELIEBT.
WENN ICH ZURÜCKDENKE, BIN ICH SO DANKBAR FÜR ALL DIE GEBORGENHEIT, FÜRSORGE UND SICHERHEIT, DIE WIR GESCHWISTER ERFAHREN HABEN. ICH GLAUBE, DASS MAN MIT EINEM GRUNDGERÜST AUS LIEBE DIE HERAUSFORDERUNGEN DES LEBENS VIEL LEICHTER ÜBERSTEHEN KANN.

WIR WAREN EINE MITTELSTÄNDISCHE JÜDISCHE FAMILIE. MEIN VATER HATTE EIN UNTERNEHMEN, DAS VERPACKUNGEN HERSTELLTE. MEINER SCHWESTER UND MIR FEHLTE ES AN NICHTS.
WIR LEBTEN IN EINEM WUNDERSCHÖNEN ALTEN HAUS IN MARMAROSCHSIGET. NACH EINER WEILE ZOGEN WIR IN UNSER NEU GEBAUTES HEIM.
DAS ERSTE MAL WURDE ICH WEGEN MEINER JÜDISCHEN HERKUNFT SCHIKANIERT, ALS ICH IN DIE SCHULE KAM.
DU STINKENDE, WIDERWÄRTIGE JÜDIN! WAS TUST DU HIER BEI UNS NORMALEN MENSCHEN?
DU BRINGST SOGAR DIE LUFT ZUM STINKEN. GEH ZURÜCK IN DEIN LAND!
ICH HATTE SOLCHE ANGST UND RANNTE WEG.
EINER DER JUNGS VERFOLGTE UND SCHUBSTE MICH. ICH KRATZTE MIR MEIN KNIE AUF.
TIEF BESTÜRZT RANNTE ICH ZU MEINER MUTTER. SIE SASS AM KÜCHENTISCH, ALS ICH HEIMKAM. ICH SAH ENTSETZLICH AUS, UND MEIN KNIE BLUTETE.
WARUM SIND DIE SO GEMEIN?
WELCHES LAND IST UNSER LAND? WURDEN WIR NICHT HIER GEBOREN? UNSERE FAMILIE LEBT DOCH SEIT GENERATIONEN HIER, ODER NICHT?
EINES TAGES BRACHTE MEIN VATER EIN RADIO MIT NACH HAUSE. DAS BEDEUTETE VIEL FÜR UNS.
MEINE SCHWESTER UND ICH FANDEN ES UNGLAUBLICH, DASS MAN MUSIK AUS BERLIN, AUS PARIS, AUS LONDON HÖREN KONNTE.

DAS RADIO WAR FÜR UNSERE ELTERN WICHTIG. SIE WOLLTEN WISSEN, WAS IN EUROPA VOR SICH GING. VATER KAUFTE DAS RADIO 1933. DAS JAHR, IN DEM HITLER IN DEUTSCHLAND AN DIE MACHT KAM.
DER 1. SEPTEMBER 1939 WAR EIN FREITAG. ICH GING IN DIE KÜCHE, UM MIR EIN BROT ZU STREICHEN. MEINE MUTTER SASS AM TISCH, TRÄNEN RANNEN IHRE WANGEN HINUNTER.
DER KRIEG IST AUSGE-BROCHEN.
MUTTER WAR BEI AUSBRUCH DES ERSTEN WELTKRIEGS EIN TEENAGER GEWESEN. MEIN VATER HATTE ALS JUNGER SOLDAT AN DER FRONT GEKÄMPFT. MUTTER WAR AM BODEN ZERSTÖRT. KRIEG KLANG FURCHT-EINFLÖSSEND.
DOCH ER WAR WEIT WEG. KEIN GRUND ZU WEINEN, DACHTE ICH, SOLANGE WIR NICHT WISSEN, WAS PASSIEREN WIRD. ICH TROCKNETE MEINE TRÄNEN UND GING RAUS, MIT MEINEN FREUNDEN SPIELEN.
SCHON BALD HÖRTE ICH AUF, AN DEN KRIEG ZU DENKEN. ES WAR RUHIG UND FRIEDLICH IN UNSERER STADT. OBWOHL WIR VON KÄMPFEN UND NAZIS HÖRTEN, DIE JUDEN JAGTEN, FÜHLTEN WIR UNS NICHT BEDROHT.
UNGARN
MARMAROSCHSIGET
TRANSSILVANIEN
RUMÄNIEN
JUGOSLAWIEN
DANN, IM HERBST 1940, WURDE UNSERE STADT TEIL VON UNGARN STATT RUMÄNIEN. INNERHALB EINER WOCHE WECHSELTEN WIR DIE STAATSBÜRGERSCHAFT.
VON DA AN WURDE IN DER SCHULE NUR NOCH AUF UNGARISCH UNTERRICHTET. MEINE SCHWESTER UND ICH HATTEN GLÜCK, DASS WIR IN DER SPRACHE SCHON LESEN UND SCHREIBEN KONNTEN.

UNSER LEBEN BEGANN SICH ZU VERÄNDERN. EIN NEUES GESETZ VERBOT NICHTJUDEN IN GESCHÄFTEN VON JUDEN EINZUKAUFEN.
SOLANGE WIR ZUSAMMEN-BLEIBEN, SIND WIR SICHER.
MIT WENIGER KUNDEN IM LADEN WAREN DIE ZEITEN HART.
DIE UNGARISCHE REGIERUNG BESCHLAGNAHMTE UNSEREN BESITZ. WIR DURFTEN KEIN GELD AUF DER BANK HABEN, KEINEN SCHMUCK BESITZEN, KUNST ODER TEPPICHE. WIR DURFTEN KEINE FAHRZEUGE, AUTOS ODER PFERDEANHÄNGER HABEN.
MEINE GANZE KINDHEIT HATTE ICH MICH NACH EINEM FAHRRAD GESEHNT, MUSSTE ABER WARTEN, WEIL ES SO TEUER WAR. DOCH ZUM GEBURTSTAG, IM JAHR BEVOR DAS NEUE GESETZ VERHÄNGT WURDE, HATTE ICH EIN ROTES FAHRRAD GESCHENKT BEKOMMEN.
ICH WAR GEZWUNGEN, ES DER BEHÖRDE ZU GEBEN. AUCH UNSER RADIO DURFTEN WIR NICHT BEHALTEN. LANGSAM ÄNDERTEN SICH VIELE DINGE, DOCH WIR VERSUCHTEN, UNSER LEBEN NORMAL WEITERZULEBEN, UND HOFFTEN, DER KRIEG WÜRDE BALD AUFHÖREN.
1942 DURFTEN JUDEN NICHT LÄNGER AUFS GYMNASIUM GEHEN. DAS WAR FÜR MICH DIE SCHLIMMSTE ÄNDERUNG. MEINER SCHWESTER FEHLTE NUR NOCH EIN JAHR BIS ZUM ABSCHLUSS. ICH ABER HATTE ERST ANGEFANGEN.
IN GRÖSSEREN STÄDTEN GAB ES SCHULEN FÜR JUDEN, DOCH SIE WAREN WEIT WEG. WIR MUSSTEN BEI ANDEREN FAMILIEN WOHNEN.
UNSERE SCHULE WAR IN TRANSSILVANIENS HAUPTSTADT CLUJ. SIE WAR WEIT WEG VON ZU HAUSE, UND REISEN KOSTETE VIEL. ALSO FUHREN WIR NUR IN DEN FERIEN NACH HAUSE.
ES WAR HART, SO WEIT WEG VON MAMA UND PAPA ZU SEIN.

MARMAROSCHSIGET LIEGT AN DER GRENZE ZUR UKRAINE. ALS ICH 1943 IN DEN WINTERFERIEN NACH HAUSE FUHR, GAB ES GERÜCHTE, DASS DIE RUSSEN IMMER NÄHER KAMEN. UND WENN DIE RUSSEN KÄMEN, WÄRE DER KRIEG VORBEI.
MEIN VATER MEINTE, ES KÖNNTE CHAOTISCH WERDEN, ALSO BAT ER MICH, NICHT ZURÜCK ZUR SCHULE ZU GEHEN, SONDERN ZU HAUSE ZU BLEIBEN, BIS SICH DIE SITUATION BERUHIGT HATTE.
ER SAGTE, DAS WICHTIGSTE FÜR UNS SEI ZUSAMMENZUBLEIBEN. DAS HÖRTE SICH GUT AN FÜR MICH.
ICH HATTE MEINE BÜCHER UND KONNTE AUCH ZU HAUSE LERNEN. WENN DIE RUSSEN KAMEN UND DER KRIEG ENDETE, KONNTE ICH MEIN LEBEN WIE VORHER WEITERLEBEN.
VIELE MEINER FREUNDE GINGEN IN ANDEREN TEILEN DES LANDES ZUR SCHULE. WIR HATTEN UNS ALLE LANGE NICHT GESEHEN UND WAREN FÜR DIE WINTERFERIEN HEIMGEKOMMEN. WIR BESCHLOSSEN, NEUJAHR BEI EINER FREUNDIN ZU HAUSE ZU FEIERN, DEREN ELTERN WEG WAREN. WIR KOCHTEN UNS EIN SCHÖNES ABENDESSEN UND HÖRTEN JAZZMUSIK.
WIR SASSEN UM DEN TISCH HERUM UND SPRACHEN ÜBER UNSERE ZUKUNFTSTRÄUME. WIR ERZÄHLTEN EINANDER, WAS FÜR PLÄNE WIR FÜR DIE ZEIT NACH DEM KRIEG HATTEN.
WIR WAREN ÜBERZEUGT, WIR WÜRDEN UNS IM JAHR DARAUF, 1945, ALLE WIEDERSEHEN, WENN WIR ENDLICH FREI WÄREN. WIR WÜRDEN UNS SEHEN UND UNS ERZÄHLEN, WAS IN DEM JAHR ALLES PASSIERT WAR.
DOCH DAZU KAM ES NIE.

DAS NEUE JAHR KAM. ICH WAR ZU HAUSE IN MARMAROSCHSIGET UND WARTETE AUF DIE RUSSEN. STATTDESSEN KAMEN DEUTSCHE SOLDATEN DIE STRASSE ENTLANG. DAS ERSTE MAL FÜRCHTETE ICH UM UNSER LEBEN.
WENN MAN UNS INFORMATIONEN ZUKOMMEN LASSEN MUSSTE, TATEN SIE ES WIE IN FRÜHEREN ZEITEN. SIE SCHICKTEN EINEN BOTENJUNGEN MIT EINER TROMMEL.
ER VERKÜNDETE, DASS JUDEN VON JETZT AN EINEN GELBEN DAVIDSTERN AUF IHREM MANTEL ÜBER DEM HERZEN TRAGEN MUSSTEN.
KEINE SORGE. ES IST KEINE SCHANDE, JUDE ZU SEIN.
ZWEI WOCHEN SPÄTER HÖRTEN WIR DEN TROMMLER WIEDER. UNS WURDE BEFOHLEN, IN DIE AUSSENBEZIRKE DER STADT ZU ZIEHEN.
ALLE DORT LEBENDEN NICHTJUDEN WÜRDEN AUSZIEHEN. GLEICHZEITIG WÜRDEN, STRASSE FÜR STRASSE, DIE ZEHNTAUSEND JUDEN IN UNSERER STADT IHRE HÄUSER VERLASSEN.
UNSERE STRASSE WAR EINE DER ERSTEN.
WIR WAREN SCHOCKIERT. ES FÜHLTE SICH AN, ALS HÄTTE UNS JEMAND AUF DEN KOPF GESCHLAGEN. WARUM WURDEN WIR GEZWUNGEN, UNSER SCHÖNES HEIM ZU VERLASSEN?

BEVOR WIR FORTGINGEN, VERSTECKTE MUTTER ETWAS GELD BEI UNSERER NACHBARIN FRAU FEKETE. WIR WAREN UNTER DEN ERSTEN, DIE INS GHETTO GESCHICKT WURDEN. NACH EIN PAAR WOCHEN WAR ALLES GELD, DAS WIR MITGENOMMEN HATTEN, AUFGEBRAUCHT.
JEDEN MORGEN GINGEN GRUPPEN VON JUDEN IN DIE STADT ZUR ARBEIT. MEINE SCHWESTER MEINTE, SIE WÜRDE SICH KURZ DAVONSCHLEICHEN UND ZU FRAU FEKETE GEHEN.
„ICH WEISS NICHT, WOVON DU SPRICHST", ERKLÄRTE FRAU FEKETE. HÉDI SAGTE: „DAS GELD, DAS MEINE MUTTER DAGELASSEN HAT, BEVOR WIR GEZWUNGEN WAREN WEGZUGEHEN." FRAU FEKETE SAGTE: „WAS STEHST DU HIER RUM UND ERFINDEST GESCHICHTEN? GEH WEG, ODER ICH RUFE DIE POLIZEI."
HÉDI GING OHNE DAS GELD FORT. FRAU FEKETE BEHIELT ALLES FÜR SICH.
NACH VIER WOCHEN WAREN ALLE JUDEN UMGESIEDELT. WIEDER ERKLANG DIE TROMMEL. WIR BESASSEN NICHTS MEHR. ICH DACHTE: WAS WOLLEN SIE JETZT? UNSER LEBEN?
DAS JUDENVIERTEL WURDE GERÄUMT. JEDER EINZELNE WURDE WEGGESCHICKT. AM NÄCHSTEN MORGEN UM SECHS UHR SOLLTEN WIR BEREIT SEIN. ICH DENKE, IN JENER NACHT SCHLIEF NIEMAND.
WIR LIEFEN DURCH UNSERE STADT, ALS DIE LEUTE ANFINGEN AUFZUWACHEN. WIR KAMEN DURCH DEN PARK.
DER HIMMEL WAR KLAR, ÜBERALL WAREN BÄUME UND BLUMEN. DIE VÖGEL SANGEN.
ICH HATTE DIESES ENTSETZLICHE GEFÜHL, DASS ES DAS LETZTE MAL SEI, DASS ICH MEINE HEIMATSTADT SEHEN WÜRDE.

WIR GINGEN AN UNSERER ALTEN SCHULE VORBEI UND KAMEN ZU DEN BAHNGLEISEN. ZUGWAGGONS STANDEN DORT, AN IHRER SEITE WAREN SCHILDER ANGEBRACHT: „MAXIMAL ZEHN PFERDE". ES WURDEN ACHTZIG JUDEN IN JEDEN WAGGON GESTECKT.
UNSER ZUG HIELT AN MEHREREN ORTEN. ICH STECKTE MEINEN KOPF DURCH DIE STANGEN. DIE LEUTE STARRTEN MICH AN. ICH RIEF: „BITTE, *BITTE,* HABEN SIE ETWAS WASSER?" SIE STANDEN NUR DA. MANCHE TATEN, ALS HÖRTEN SIE NICHTS.
WIR BETETEN ZU GOTT, DASS UNSERE REISE BALD ENDEN WÜRDE. ES WAR SO WIDERLICH IM ZUG, DASS SELBST DER TOD BESSER GEWESEN WÄRE.
ALS WIR AUF DEN BAHNSTEIG SPRANGEN, HÖRTE ICH DIE BEFEHLE – „MÄNNER HIER LANG" UND „FRAUEN DA LANG".
ALLES GESCHAH SO SCHNELL. ALS ICH MICH UMDREHTE, WAREN DIE MÄNNER SCHON WEG. ICH KONNTE NICHT EINMAL MEINEN VATER EIN LETZTES MAL UMARMEN.

AUSCHWITZ-BIRKENAU.
FRAUEN UND KINDER WURDEN IN FÜNFERREIHEN AUFGESTELLT. ES WAREN VIELE MENSCHEN, UND ES GING CHAOTISCH ZU. ICH WUSSTE, SIE WÜRDEN UNS TÖTEN.
ICH AKZEPTIERTE MEIN SCHICKSAL UND HOFFTE AUF EINEN SCHNELLEN, SCHMERZFREIEN TOD. NACH EIN PAAR STUNDEN WAR UNSERE ZEIT GEKOMMEN.
DER SS-OFFIZIER STARRTE UNS EINFACH AN. SPÄTER ERFUHREN WIR, DASS ES DER BERÜCHTIGTE DR. JOSEF MENGELE WAR. ER SAH MUTTER AN UND ZEIGTE NACH LINKS. WIR MUSSTEN IN DIE ENTGEGENGESETZTE RICHTUNG. SIE BEFAHLEN UNS, UNS AUS-ZUZIEHEN. DASS WIR DAS VOR ALL DEN MÄNNERN TUN MUSSTEN, SCHIEN EGAL ZU SEIN.
WIR ZOGEN UNSERE KLEIDER AUS UND LEGTEN SIE AUF EINEN HAUFEN, BEHIELTEN JEDOCH UNSERE SCHUHE. ICH HIELT MEINE SCHWARZEN STIEFEL AN MICH GEDRÜCKT. ALS MIR KLAR WURDE, DASS MAN UNS UNSERE KLEIDER NICHT WIEDERGEBEN WÜRDE, STOPFTE ICH MEIN LETZTES HAB UND GUT IN MEINE SCHUHE: EINE ZAHNBÜRSTE UND EIN SILBERKETTCHEN.
SIE NAHMEN UNS AUCH DAS LETZTE, WAS UNS ZU MENSCHEN MACHTE. WIR SAHEN ALLE GLEICH AUS. DOCH WO WAR MEINE SCHWESTER? ICH RIEF VERZWEIFELT IHREN NAMEN, BIS SICH UNSERE BLICKE ENDLICH TRAFEN. SIE NAHM MEINE HAND UND LIESS SIE NICHT MEHR LOS.
SIE SCHOBEN UNS UNTER DAS KALTE WASSER IN DEN DUSCHRÄUMEN.

AM NÄCHSTEN MORGEN WAR ICH NOCH AM LEBEN. ICH GING ZU EINER DER POLNISCHEN JÜDINNEN, DIE SCHON EINIGE ZEIT IN AUSCHWITZ WAREN.
„WANN KOMMEN UNSERE MÜTTER?", FRAGTE ICH. SIE SAH MICH AN, ALS WÄRE ICH VERRÜCKT.
SIEHST DU DEN KAMIN DA?
JA?
DA DRIN BRENNEN DEINE ELTERN. DU WIRST SIE NIE WIEDER SEHEN. DAS HIER IST KEIN WOHNHEIM, WIR SIND IN EINEM *VERNICHTUNGS-LAGER*.
EINES TAGES ERFUHREN WIR, DASS ZWEIHUNDERT FRAUEN ZUM ARBEITEN GEBRAUCHT WURDEN. WIR KAMEN IN HAMBURG AN UND WURDEN ZU EINEM LAGER GEBRACHT. DORT SOLLTEN WIR DIE NÄCHSTEN TAGE BLEIBEN.
WIR WECHSELTEN OFT DAS LAGER, BEVOR WIR NACH HAMBURG-EIDELSTEDT KAMEN.
SOLANGE WIR ARBEITEN KONNTEN, DURFTEN WIR LEBEN. ES WAR REGNERISCH UND KALT, UND ES GAB WENIG ZU ESSEN. JEDE NACHT GAB ES FLIEGERALARM, UND UM UNS HERUM FIELEN BOMBEN.

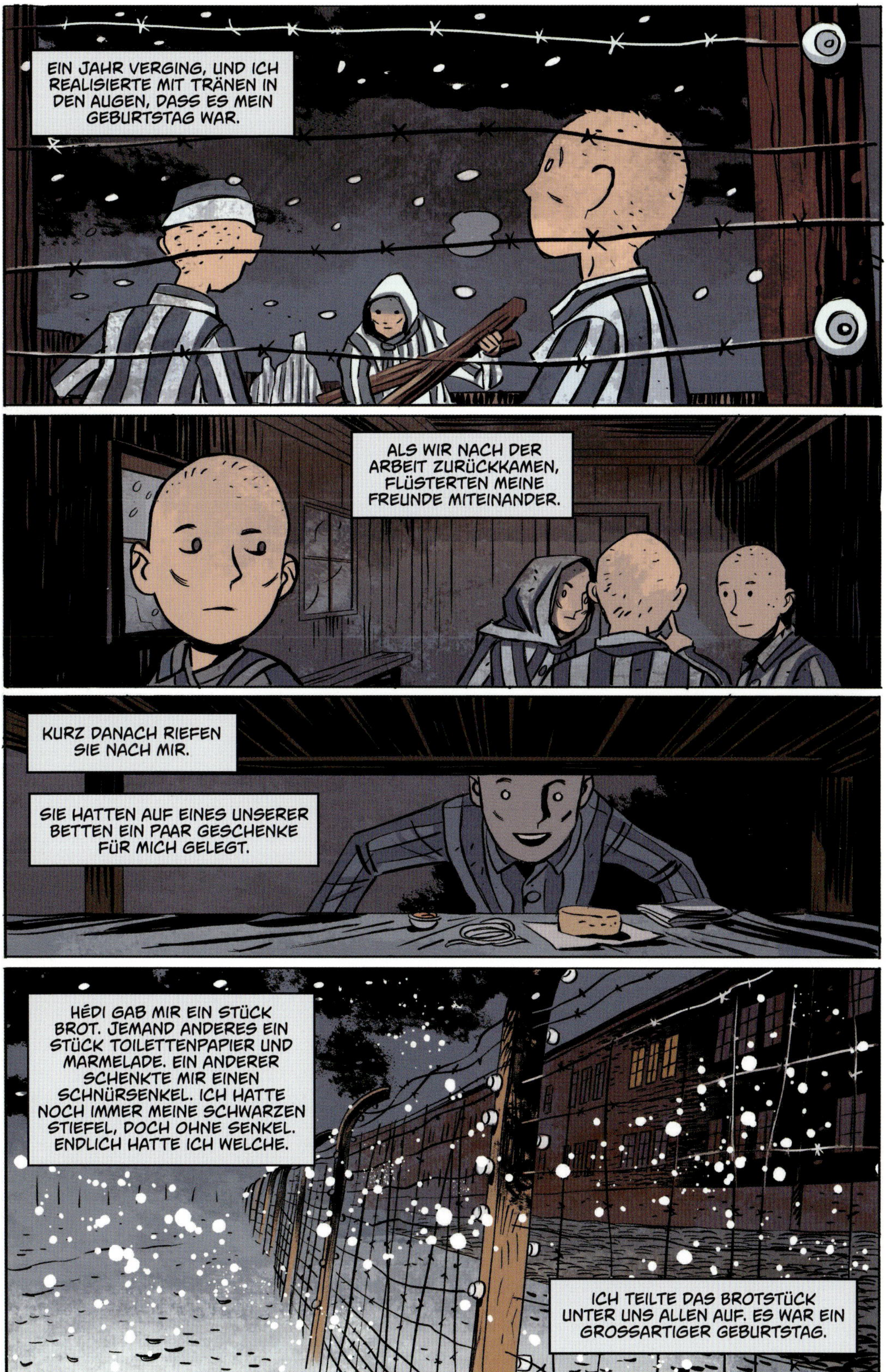
EIN JAHR VERGING, UND ICH REALISIERTE MIT TRÄNEN IN DEN AUGEN, DASS ES MEIN GEBURTSTAG WAR.
ALS WIR NACH DER ARBEIT ZURÜCKKAMEN, FLÜSTERTEN MEINE FREUNDE MITEINANDER.
KURZ DANACH RIEFEN SIE NACH MIR.
SIE HATTEN AUF EINES UNSERER BETTEN EIN PAAR GESCHENKE FÜR MICH GELEGT.
HÉDI GAB MIR EIN STÜCK BROT. JEMAND ANDERES EIN STÜCK TOILETTENPAPIER UND MARMELADE. EIN ANDERER SCHENKTE MIR EINEN SCHNÜRSENKEL. ICH HATTE NOCH IMMER MEINE SCHWARZEN STIEFEL, DOCH OHNE SENKEL. ENDLICH HATTE ICH WELCHE.
ICH TEILTE DAS BROTSTÜCK UNTER UNS ALLEN AUF. ES WAR EIN GROSSARTIGER GEBURTSTAG.

IM FRÜHJAHR 1945 ERFUHREN WIR, DASS DIE DEUTSCHEN DABEI WAREN, DEN KRIEG ZU VERLIEREN. DIE FRAGE WAR, OB WIR DIE BEFREIUNG NOCH ERLEBEN WÜRDEN. DIE DEUTSCHEN SCHLOSSEN DAS LAGER. MAN SCHICKTE UNS WOANDERS HIN, UND WIR HÖRTEN DAS GERÜCHT, MAN WÜRDE UNS TÖTEN. WIR STIEGEN IN EINEN ANDEREN ZUG, OHNE ZU WISSEN, WOHIN WIR FUHREN.
MITTEN IN DER NACHT HIELT DER ZUG AN. ES KAMEN LAUTE GERÄUSCHE UND SCHÜSSE AUS DEM WALD. ZU TODE ERSCHROCKEN WARTETEN WIR IM WAGGON, WEIL WIR DACHTEN, WIR WÜRDEN ERSCHOSSEN, WENN WIR AUSSTIEGEN.
KTHUMM
BRAKKA
BRAKKA
BRAKKA
SCHLIESSLICH FUHR DER ZUG WEITER.
BUMM
BERGEN-BELSEN.
DIE GEFANGENEN, DIE WIR DORT SAHEN, WIRKTEN MEHR TOT ALS LEBENDIG.
„GIBT ES HIER EINE GASKAMMER?“, FRAGTEN WIR. „NEIN“, ANTWORTETEN SIE. „KEINE GASKAMMER, KEINE ARBEIT, KEIN ESSEN.“

WIR WAREN ERLEICHTERT, DASS ES DORT KEINE GASKAMMER GAB, UND ES HÖRTE SICH GUT AN, DASS ES AUCH KEINE ARBEIT GAB.
WIR GINGEN ZU UNSERER BARACKE. ES PASSIERTE NICHTS. WIR LAGEN ODER SASSEN EINFACH NUR RUM. NIEMAND KÜMMERTE SICH UM UNS.
DIE TAGE VERGINGEN, UND ES GAB KEIN ESSEN.
IN EINER ALTEN TOILETTE FANDEN WIR ETWAS WASSER. WIR HÄTTEN NICHT ÜBERLEBT, HÄTTEN WIR ES NICHT GEFUNDEN.
EINES TAGES KAM EINE FREUNDIN IN UNSERE BARACKE.
ICH HABE FREMDE SOLDATEN GESEHEN. ICH GLAUBE, ES SIND ENGLÄNDER.
VOM FENSTER AUS SAH ICH SOLDATEN IN GRÜNEN UNIFORMEN. ICH GING HINAUS, UM ZU SCHAUEN, OB ICH RICHTIG GESEHEN HATTE.
BERGEN-BELSEN WURDE VON ENGLISCHEN TRUPPEN BEFREIT.

WIR FEIERTEN NICHT WÄHREND DER BEFREIUNG. WIR KONNTEN NICHT. WIR KONNTEN NUR AN ESSEN DENKEN. DIE ENGLÄNDER WAREN VON UNSEREM ANBLICK ENTSETZT. SIE GABEN UNS DOSEN MIT ERBSEN, BRAUNEN BOHNEN UND SCHWEINEFLEISCH.
WIR RISSEN DIE DOSEN AUF UND SCHÜTTETEN DAS ESSEN IN UNS HINEIN. ALLE, DIE ASSEN, WURDEN KRANK, VIELE STARBEN. WIR HATTEN SO LANGE KEIN ESSEN BEKOMMEN, DASS WIR UNS SO ZU TODE ASSEN.
UNSERE RETTER REALISIERTEN, DASS SIE EINEN ANDEREN WEG FINDEN MUSSTEN, UM UNS ZU VERSORGEN. SIE RICHTETEN EIN KRANKENHAUS EIN UND FÜHRTEN UNS DAS ESSEN LANGSAM ZU. ES FING AN, UNS BESSER ZU GEHEN.

EINES TAGES KLOPFTE JEMAND AN UNSERE TÜR. DREI FRAUEN VOM SCHWEDISCHEN ROTEN KREUZ FRAGTEN UNS, OB WIR MIT NACH SCHWEDEN KOMMEN WOLLTEN.

ALLE ÜBERLEBENDEN KONNTEN SECHS MONATE IN SCHWEDEN VERBRINGEN UND SICH ERHOLEN. DANACH WÜRDE MAN UNS IN UNSER LAND ZURÜCKSCHICKEN.
UNSERE COUSINE SUSSIE, HÉDI UND ICH HATTEN EINANDER VERSPROCHEN ZUSAMMENZU-BLEIBEN, WAS IMMER GESCHEHEN WÜRDE. WIR WAREN UNS EINIG, DASS DAS DIE BESTE ENTSCHEIDUNG WAR.

EIN SCHIFF BRACHTE UNS NACH MALMÖ, WO WIR ZUM ERSTEN MAL AUF SCHWEDISCHEM BODEN STANDEN.
IN MALMÖ WAREN WIR IN DER LINNÉ-SCHULE ZU GAST. WIR WURDEN VON ÄRZTEN UNTERSUCHT, MAN GAB UNS KLEIDUNG UND ESSEN.
WIR BLIEBEN DORT DREI WOCHEN LANG IN EINER ART QUARANTÄNE. SIE FÜRCHTETEN, WIR KÖNNTEN KRANKHEITEN AUF DIE EINHEIMISCHEN ÜBERTRAGEN.
DAS ERSTE, WAS WIR IN DER LINNÉ-SCHULE TATEN, WAR ESSEN. WIR ASSEN UND ASSEN. WAS WIR NICHT MEHR HINUNTERBEKAMEN, VERSTECKTEN WIR UNTER UNSEREM KOPFKISSEN. WER WUSSTE SCHON, WANN WIR DAS NÄCHSTE MAL ETWAS BEKOMMEN WÜRDEN?
WIR KAMEN IN EINEM ALTEN GÄSTEHAUS AUSSERHALB EINER STADT NAMENS ALINGSÅS AN. EIN SCHÖNER UND KLEINER ORT NAMENS HJÄLMARED. DORT WAREN FLÜCHTLINGE WILLKOMMEN.
DER NÄCHSTE HALT WAR EIN FLÜCHTLINGSLAGER AUSSERHALB VON STOCKHOLM, AUF LOVÖN. DORT WURDE MEIN UND HEDIS LEBEN GERETTET.

IN STOCKHOLM TRAF ICH HANS FRÄNKEL. DIE JÜDISCHE GEMEINDE HATTE EINEN TANZABEND FÜR JUGENDLICHE ORGANISIERT.

ICH TRUG EIN ROTES KLEID. ALS HANS MICH ANSAH, SAGTE ER ZU SEINEM FREUND: „ICH WERDE SIE HEIRATEN."

UND DAS TAT ER.

Livia Fränkel lebt in Stockholm. Sie hat drei Kinder, sechs Enkel und fünf Großenkel. Viele Jahre lang arbeitete Livia für die Vereinigung der Holocaust-Überlebenden, und sie besucht oft Schulen, um dort ihre Geschichte zu erzählen. 1992 veröffentlichte Livias Schwester Hédi ein Buch, in dem sie von ihren Erfahrungen während des Krieges berichtet.

Selma
ICH WURDE IN FRANKFURT GEBOREN. MEIN VATER WAR GOLDSCHMIED UND HATTE SEINEN EIGENEN JUWELIERLADEN.
WIR WOHNTEN IN LODZ, ALS DIE DEUTSCHEN POLEN ANGRIFFEN.
EIN JAHR NACH DEN NOVEMBERPOGROMEN KAMEN DIE DEUTSCHEN NACH LODZ UND BRANNTEN ALLE SYNAGOGEN NIEDER.
SIE SAGTEN, DASS ALLE JUDEN SICH AN EINEM ORT VERSAMMELN SOLLTEN.

WIR SUCHTEN EINEN UNTERSCHLUPF. DIE DEUTSCHEN GINGEN VON HAUS ZU HAUS, UM DEN SORTIERPROZESS ZU BESCHLEUNIGEN.
FÜR JEDE FAMILIE, DIE IHR HAUS NICHT VERLASSEN HATTE, ERSCHOSSEN DIE DEUTSCHEN ENTWEDER DEN VATER ODER DEN ÄLTESTEN SOHN. DER REST DER FAMILIE WURDE GEZWUNGEN FORTZUGEHEN, WÄHREND DIE LEICHE AUF DER STRASSE ZURÜCKGELASSEN WURDE.
MEIN BRUDER SAMUEL WURDE VON DEN DEUTSCHEN VOR DEM HAUS SEINER FREUNDIN ERSCHOSSEN. ER HATTE DIE SPERRSTUNDE MISSACHTET, UM IHR UND IHRER MUTTER ZU HELFEN, INS GHETTO ZU ZIEHEN.
EIN PAAR TAGE SPÄTER ZOGEN WIR INS JUDENVIERTEL.
WIR MUSSTEN FÜR DEN STACHELDRAHT UND DIE MAUERN RINGSUM BE-ZAHLEN. AM 1. MAI RIEGELTEN SIE DAS GHETTO AB UND SPERRTEN UNS EIN.

ES GAB KEIN ESSEN, WIR WAREN AM VERHUNGERN.
FÜNFTAUSEND MENSCHEN STARBEN IN DEN ERSTEN SECHS MONATEN IM GHETTO DEN HUNGERTOD.
MEINE SCHWESTER ANNA WURDE AUF DER STRASSE GEFANGEN GENOMMEN.
WIR SUCHTEN LANGE ZEIT NACH IHR, UND ERST VIEL SPÄTER ERFUHREN WIR, WAS PASSIERT WAR.
MEIN VATER ARBEITETE IN DER HOLZINDUSTRIE UND ICH BEGANN, AN SEINER SEITE ZU ARBEITEN. WIR BRACHTEN DIE ARBEITER ZUM FELD UND ZURÜCK. ES WAR EINE LANGE FAHRT.
EINES TAGES, ALS ICH DIE ARBEIT VERLIESS, FAND ICH MEINEN VATER NICHT. JEMAND SAGTE MIR, ER SEI ZUSAMMENGEBROCHEN UND MUTTER HABE IHN IN EINEM ANHÄNGER NACH HAUSE GEBRACHT.
ZWEI WOCHEN SPÄTER WAR ER VERHUNGERT.
WÄHREND DER JAMIM NORAIM VERKÜNDETEN DIE DEUTSCHEN EINE AUSGANGSSPERRE. WIR WAREN BESTÜRZT DARÜBER, DASS WIR UNS NICHT EINMAL IN DER WENIGEN FREIEN ZEIT, DIE WIR HATTEN, TREFFEN KONNTEN. ES GING EIN GERÜCHT UM, DASS ALLE KRANKEN, ALTEN UND KINDER WEGGESCHICKT WERDEN WÜRDEN. WAISENHÄUSER, ALTENHEIME UND KRANKENHÄUSER WURDEN AUSGERÄUMT. ES WAR SCHRECKLICH. ICH HATTE SOLCHE ANGST.
MEINE MUTTER WURDE AUCH AUFGEGRIFFEN, DOCH SIE KONNTE FLIEHEN. SIE HATTE SICH DIE GANZE NACHT IN EINEM KELLER VERSTECKT UND WAR AM MORGEN ZU UNS ZURÜCKGESCHLICHEN.

BIS AUGUST WAR NUR NOCH EIN BRUCHTEIL DER 350.000 MENSCHEN IM JUDENVIERTEL ÜBRIG. DIE OFFIZIERE SAGTEN UNS, DASS MAN UNS WOANDERSHIN BRINGEN WÜRDE. MEINE MUTTER, MEINE SCHWESTER PAULA UND ICH GINGEN ZUM BAHNHOF.
UNSEREN BESITZ TRUGEN WIR IN RUCKSÄCKEN. AM NÄCHSTEN MORGEN WURDEN WIR AUF EINEN ZUG GELADEN UND REISTEN DEN GANZEN TAG. DIE GLEISE WAREN VON BOMBEN BESCHÄDIGT WORDEN, DAHER STAND DER ZUG DIE GANZE NACHT STILL.
AM MORGEN ERREICHTEN WIR SCHLIESSLICH EINEN BAHNHOF, ES HERRSCHTE EIN FÜRCHTERLICHES DURCHEINANDER AN GEBRÜLL DER KOMMANDEURE, PFEIFTÖNEN UND UNSEREN SCHREIEN. GEFANGENE IN GESTREIFTER KLEIDUNG TRENNTEN DIE MÄNNER VON DEN FRAUEN.
WIR WURDEN ZUM HAUPTMANN DES LAGERS GEBRACHT. ER ZEIGTE MIT SEINEM LEDERSTOCK NACH LINKS ODER RECHTS. UNBESCHWERT UND GELASSEN ENTSCHIED ER, WER LEBEN DURFTE UND WER STERBEN MUSSTE.
ER WÄHLTE MEINE MUTTER UND TÖTETE SIE AN JENEM TAG ZUSAMMEN MIT TAUSENDEN ANDEREN FRAUEN UND KINDERN.

NACH DER ERSTEN NACHT WURDE UNS BEFOHLEN, NACKT DURCH DEN HOF ZU MARSCHIEREN. DIE AUSERWÄHLTEN WURDEN ZUR ARBEIT EINGETEILT.
WIR MUSSTEN NACKT VOR DEN SS-MÄNNERN RENNEN. MEINE SCHWESTER UND ICH WAREN UNTER DEN 520 AUSERWÄHLTEN, DIE ZUR ZWANGSARBEIT IN DIE KRUPP-WAFFENFABRIK IN BERLIN GESCHICKT WURDEN.
WIR WURDEN WIEDER ZU DEN GLEISEN GEBRACHT. WIR LAGEN IM NIESELREGEN AUF DEM BODEN UND WARTETEN AUF DIE ZÜGE, DIE UNS AM MORGEN NACH BERLIN BRINGEN WÜRDEN.
IN JENER NACHT KAM EINE FRAU ZU PAULA UND MIR. SIE ERZÄHLTE UNS, DASS SIE BEI UNSERER SCHWESTER ANNA GEWESEN SEI, ALS MAN SIE IM GHETTO GEFANGEN GENOMMEN HATTE.
ANNA WAR NICHT MEHR AM LEBEN.

WÄHREND DER ERSTEN ZWEI WOCHEN IN BERLIN HIELT MAN UNS IN QUARANTÄNE. DANACH FINGEN WIR AN, BEI KRUPP ZU ARBEITEN. MEINE ZWANGSARBEITERNUMMER WAR 114. DIE VON PAULA 115.
114
EINES SONNTAGS IM FEBRUAR 1945 FING GANZ BERLIN FEUER. DER WARME, SONNIGE TAG VERFINSTERTE SICH WEGEN ALL DES RAUCHS. WIR SASSEN IN EINEM GRABEN. OHNE ÜBERDACHUNG.
BOMBEN SCHLUGEN NEBEN UNS EIN. EINE DER BARACKEN BRANNTE NIEDER. UNS WURDE KLAR, DASS DAS ENDE NÄHER KAM.
DIE RUSSEN NÄHERTEN SICH BERLIN.
WIR WURDEN NACH ORANIENBURG EVAKUIERT.
ZWEI TAGE SPÄTER BRACHTE MAN UNS IN EIN FRAUENLAGER NACH RAVENSBRÜCK.
ES DAUERTE NUR SECHS STUNDEN BIS DAHIN.

* DER STAAT ISRAEL WURDE 1948 AUSGERUFEN.

VON UNSERER GROSSEN FAMILIE WAREN PAULA UND ICH DIE EINZIGEN ÜBERLEBENDEN.
114

Nachdem sie das Sanatorium außerhalb von Varberg verlassen hatte, blieb **Selma Bengtsson** für den Rest ihres Lebens in Varberg. Zusammen mit ihrem Mann Erik bekam Selma einen Sohn und später viele Enkelkinder. Selma und ihre Familie blieben immer in engem Kontakt zu ihrer Schwester Paula und deren Familie in Israel.

Susanna
MAKÓ IM SÜDOSTEN UNGARNS.
MEINE ELTERN FÜHRTEN EINEN KLEINEN LEBENSMITTELLADEN. WIR VERBRACHTEN FAST ALL UNSERE ZEIT IM GESCHÄFT UND IN DER KLEINEN KÜCHE.
MEINE FAMILIE WAR ARM. WIR LEBTEN VON DEM BISSCHEN, DAS WIR BESASSEN. WIR HATTEN WEDER EIN RADIO NOCH EIN TELEFON.
DAMALS WURDEN ALLE ZEITUNGEN IN UNGARN ZENSIERT. MAN MUSSTE ZWISCHEN DEN ZEILEN LESEN, UM ZU ERRATEN, WAS IN EUROPA VOR SICH GING.

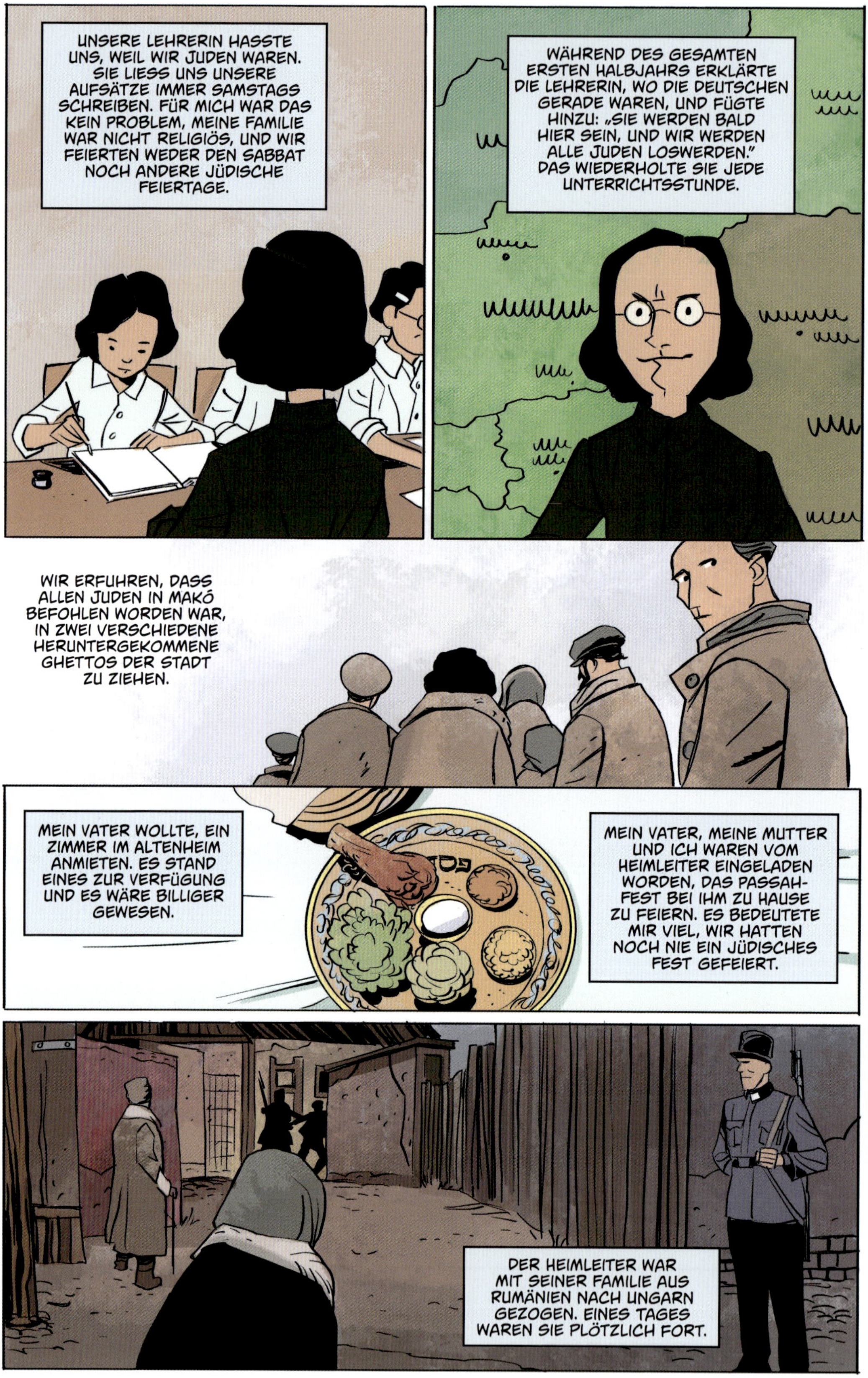
UNSERE LEHRERIN HASSTE UNS, WEIL WIR JUDEN WAREN. SIE LIESS UNS UNSERE AUFSÄTZE IMMER SAMSTAGS SCHREIBEN. FÜR MICH WAR DAS KEIN PROBLEM, MEINE FAMILIE WAR NICHT RELIGIÖS, UND WIR FEIERTEN WEDER DEN SABBAT NOCH ANDERE JÜDISCHE FEIERTAGE.
WÄHREND DES GESAMTEN ERSTEN HALBJAHRS ERKLÄRTE DIE LEHRERIN, WO DIE DEUTSCHEN GERADE WAREN, UND FÜGTE HINZU: „SIE WERDEN BALD HIER SEIN, UND WIR WERDEN ALLE JUDEN LOSWERDEN." DAS WIEDERHOLTE SIE JEDE UNTERRICHTSSTUNDE.
WIR ERFUHREN, DASS ALLEN JUDEN IN MAKÓ BEFOHLEN WORDEN WAR, IN ZWEI VERSCHIEDENE HERUNTERGEKOMMENE GHETTOS DER STADT ZU ZIEHEN.
MEIN VATER WOLLTE, EIN ZIMMER IM ALTENHEIM ANMIETEN. ES STAND EINES ZUR VERFÜGUNG UND ES WÄRE BILLIGER GEWESEN.
MEIN VATER, MEINE MUTTER UND ICH WAREN VOM HEIMLEITER EINGELADEN WORDEN, DAS PASSAH-FEST BEI IHM ZU HAUSE ZU FEIERN. ES BEDEUTETE MIR VIEL, WIR HATTEN NOCH NIE EIN JÜDISCHES FEST GEFEIERT.
DER HEIMLEITER WAR MIT SEINER FAMILIE AUS RUMÄNIEN NACH UNGARN GEZOGEN. EINES TAGES WAREN SIE PLÖTZLICH FORT.

WIR ERFUHREN, DASS ALLE JUDEN OHNE UNGARISCHEN PASS DEPORTIERT WURDEN. DANN KLOPFTE DIE MILITÄR-POLIZEI AN DER TÜR UND FORDERTE UNS AUF, UNSERE SACHEN UND ESSEN FÜR DREI TAGE ZU PACKEN.
MEINE MUTTER BEGANN SOFORT, EIER ZU KOCHEN. DIE KONNTE MAN WÄHREND DER SOMMERHITZE GUT AUFBEWAHREN. WIR PACKTEN EIN PAAR BETTTÜCHER, KLEIDER UND KOCHUTENSILIEN ZUSAMMEN.
MAN BRACHTE UNS AUF LKWS NACH SZEGED, DIE ZWEITGRÖSSTE STADT UNGARNS. SIE VERFRACHTETEN UNS IN EIN ZELTLAGER AUSSER-HALB DER STADT.
DA WIR ANGST HATTEN, NACHTS BESTOHLEN ZU WERDEN, PACKTEN WIR UNSER HAB UND GUT IN UNSER ZELT UND SCHLIEFEN DRAUSSEN AUF DEM BODEN.
DANN ZWANGEN SIE UNS, ALLE UNSERE WERTSACHEN HERZUGEBEN. SCHMUCK UND GELD, SOGAR STIFTE. SIE DROHTEN DAMIT, JEDEN ZEHNTEN VON UNS ZU ERSCHIESSEN, WÜRDEN WIR NICHT GEHORCHEN.
SPÄTER FAND ICH HERAUS, DASS MEIN VATER, TROTZ DES BEFEHLS, EINEN KLEINEN STIFT BEHALTEN HATTE. MIT DIESE STIFTS SCHRIEB ER IN DER ZEIT TAGEBUCH, DIE WIR IN DEM LAGER LEBTEN.

NACH EINIGEN TAGEN WURDEN WIR IN EINE ZIEGELEI IN SZEGED GEBRACHT. ES MUSSTEN UM DIE ZWEITAUSEND JUDEN DORT SEIN, ALLE AUS MEINER HEIMATSTADT. WIR STELLTEN BETTEN AUS STROH HER UND SCHLIEFEN DICHT NEBENEINANDER.
DANN WURDEN WIR IN DREI GRUPPEN EINGETEILT. MEINE FAMILIE WAR IN GRUPPE ZWEI.
MEINE GROSSTANTE HANNA WAR AUCH DORT, DOCH SIE VERSCHWAND. ICH SAH SIE NIE WIEDER.
ICH ERINNERE MICH, WIE WIR IN DIE ZUGWAGGONS GEQUETSCHT WURDEN.
DER ZUG WAR SEHR LANG.
ER HIELT MEHRERE MALE AN UNTERSCHIEDLICHEN HALTESTELLEN UND BLIEB DORT EINE WEILE STEHEN.
DURCH DIE ENGEN RITZEN IM WAGEN VERSUCHTEN WIR ZU ERAHNEN, WOHIN WIR FUHREN. EINIGE ERKANNTEN DIE NAMEN AN DEN BAHNHÖFEN, UND WIR VERSTANDEN, DASS WIR RICHTUNG NORDEN FUHREN.
ALS WIR IN KOŠICE AN DER GRENZE ZUR SLOWAKEI ANKAMEN, MACHTE DER ZUG HALT.
NAZI DEUTSCHLAND
SLOWAKEI
KOŠICE
SPÄTER ERFUHREN WIR, DASS DIE BAHNGLEISE ZERBOMBT WORDEN WAREN UND WIR DESHALB NICHT WEITERFUHREN.
UNGARN
WIR DURCHQUERTEN BUDAPEST UND GELANGTEN NACH ÖSTERREICH. SCHLIESSLICH ERREICHTEN WIR STRASSHOF.

ALS WIR ANKAMEN, WAR ES DUNKEL. ÜBERALL STANDEN MENSCHEN. VIELE VERLOREN EINANDER IN DER MENGE. WÄHREND DER NACHT KONNTE MAN DIE LEUTE NAMEN RUFEN HÖREN. SIE SUCHTEN IHRE FREUNDE UND FAMILIE.
WIR WURDEN ZUSAMMEN MIT UNSEREM GEPÄCK DESINFIZIERT. MÄNNER UND FRAUEN WURDEN GETRENNT.
FÜR DIE FRAUEN WAR ES BESCHÄMEND. DIE SOLDATEN SAHEN SIE SICH GENAU AN. ES WAR FÜR FRAUEN NICHT ÜBLICH, NACKT VOR EINEM MANN ZU STEHEN, AUCH NICHT VOR DEM EHEMANN.
NACHDEM SIE UNS GEDUSCHT HATTEN, ZWANGEN SIE UNS IN BARACKEN. EINE WOCHE SPÄTER PFERCHTE MAN UNS WIEDER IN EINEN ZUG NACH BRUCK AN DER LEITHA IN ÖSTERREICH.
WIR FANDEN UNS IN EINER ART WOHNHEIM WIEDER, UND DIE ERWACHSENEN MUSSTEN IM GARTEN ARBEITEN.
DANN TAUCHTE EIN MANN MIT EINEM PFERD UND EINEM KARREN AUF. ER BRACHTE UNS ZU EINER FARM, AUF DER WIR ARBEITEN SOLLTEN. WIR KAMEN IN EINEM STALL UNTER, DER IN ZWEI RÄUME GETEILT WAR.
WIR SCHLIEFEN ZU ZEHNT BIS ZWÖLFT IN JEDEM RAUM. ALS BETT DIENTE UNS STROH AUF DEM BODEN.

KINDER MUSSTEN NICHT ARBEITEN. AM ANFANG NICHT. MEIN VATER HATTE EIN VERLETZTES BEIN, DAHER MUSSTE AUCH ER NICHT ARBEITEN. DAFÜR HALFEN DIE ANDEREN KINDER UND ICH IN DER KÜCHE. DIE HAUSFRAU WAR MIT DEM MANN VERHEIRATET, DER UNS HERGEBRACHT HATTE.
ER WAR DER AUFSEHER DER FELDER UND WAR FREUNDLICH ZU UNS.
DIE HAUSFRAU WAR NICHT SO NETT WIE ER. SIE WAR GEMEIN. WIR HATTEN ALLE ANGST VOR IHR.
SIE LIESS UNS ZWAR HELFEN, ABER SIE BEOBACHTETE UNS AUFMERKSAM UND MIT BÖSEN AUGEN.
ZU ESSEN GAB MAN UNS KARTOFFELN UND BOHNEN. ZWEIMAL AM TAG MIT BROT.
SONNTAGS ASSEN WIR FLEISCH. KINDER BEKAMEN JEDEN TAG MILCH. DAS LEBEN AUF DEM HOF WAR IN ORDNUNG. WIR WOLLTEN DORT BLEIBEN, BIS DER KRIEG ZU ENDE WÄRE.
EINES TAGES KAMEN DEUTSCHE SOLDATEN MIT EINER GRUPPE POLNISCHER FRAUEN. DIE FRAUEN BLIEBEN IN EINEM ANDEREN TEIL DES HOFS.
SCHLIESSLICH ZWANGEN UNS DIE DEUTSCHEN ALLE AUF DIE FELDER. ES WAR HARTE ARBEIT. EINE ALTE FRAU STARB DABEI.

ENDE NOVEMBER BEFAHLEN SIE UNS, UNSERE SACHEN ZU PACKEN.
SIE BRACHTEN UNS ZURÜCK NACH STRASSHOF. WIR VERBRACHTEN DIE ERSTE NACHT DRAUSSEN.
WIR BLIEBEN EINE WOCHE IN STRASSHOF, BIS SIE UNS AUF EINEN ANDEREN ZUG VERLUDEN.

DREI TAGE SPÄTER HIELT DER ZUG. WIR SCHLEPPTEN UNSERE SACHEN EINE LANGE STRECKE BIS ZU EIN PAAR BARACKEN.
DAS LAGER WAR VON STACHELDRAHT UMGEBEN UND IN MEHRERE AB-SCHNITTE UNTERTEILT.
NIEMAND VON UNS HATTE JE VON BERGEN-BELSEN GEHÖRT, BIS WIR DORT LANDETEN.

MEINE FAMILIE UND UNGEFÄHR ZWEITAUSEND ANDERE MENSCHEN KAMEN AUS SZEGED. WIR WAREN IN DERSELBEN GRUPPE.
UNSERER DREIKÖPFIGEN FAMILIE WURDEN ZWEI KOJEN ZUGEWIESEN. DA MEIN VATER NICHT KLETTERN KONNTE, BEKAM ER EIN EIGENES BETT GANZ UNTEN.
73
ZUM FRÜHSTÜCK GAB ES EIN SELTSAMES GEBRÄU. EINE MISCHUNG AUS SUPPE UND EINTOPF.
JEDEN DRITTEN TAG GAB ES EINE DÜNNE SCHEIBE BROT DAZU. ES WAR SCHWER WIE LEHM.
MEINE MUTTER SORGTE DAFÜR, DASS WIR DAS BROT FÜR DIE TAGE AUFHOBEN, WENN WIR KEINES HABEN WÜRDEN. WIR WAREN SO HUNGRIG, ES WAR FURCHTBAR.
DIE ABSCHNITTE WAREN DURCH DICKE MAUERN GETRENNT. OFT STANDEN WIR AN DEN TOREN UND SAHEN HINAUS.
JEDEN TAG SAHEN WIR WAGENLADUNGEN VOLLER NACKTER KÖRPER. SIE SAHEN AUS WIE SKELETTE.

IN UNSEREM LAGERABSCHNITT GAB ES NUR FAMILIEN. IN ANDEREN HIELT MAN FRAUEN VON MÄNNERN GETRENNT.
DEUTSCHE SOLDATEN BEWACHTEN DAS LAGER VON IHREN WACHTÜRMEN AUS.
SIE HIELTEN STÄNDIG DIE SUCHSCHEINWERFER AUF UNS GERICHTET.
DAS LICHT FOLGTE UNS AUCH NACHTS, WENN WIR AUF TOILETTE GINGEN.
DIE TOILETTE WAR EIN GROSSER RAUM MIT EINER BANK, AUF DIE MAN SICH SETZTE UND SEIN GESCHÄFT VERRICHTETE.
MÄNNER UND FRAUEN BENUTZTEN DIESELBE TOILETTE. DAS LEBEN IN BERGEN-BELSEN WAR EIN ALBTRAUM.
WIR BETETEN UND FLEHTEN GOTT AN, EINE BOMBE MÖGE ALLDEM EIN ENDE SETZEN.
SO SCHLIMM WAR ES. WIR FLEHTEN UM DEN TOD. ES GAB KEIN LICHT.

ANFANG APRIL 1945 VERLIESSEN WIR PLÖTZLICH BERGEN-BELSEN.
WIR WAREN SEIT ANFANG DEZEMBER IM LAGER GEWESEN UND WAREN SCHWACH UND AM VERHUNGERN.
WER KONNTE, GING ZU FUSS. DOCH MEIN VATER WAR ZU SCHWACH ZUM LAUFEN, UND MEINE MUTTER UND ICH WOLLTEN IHN NICHT ALLEINLASSEN.
WIR SAHEN, WIE ALLE WEGGINGEN.
LKWS LUDEN DIE ZURÜCKGEBLIEBENEN AUF. WIR BEMÜHTEN UNS VERZWEIFELT, SIE EINZUHOLEN.
DOCH WIR ERREICHTEN SIE NICHT, WEIL MEIN VATER ZU SCHWACH WAR. SCHLIESSLICH SCHAFFTEN WIR ES ABER AUF DEN LETZTEN LKW, DER DAS LAGER VERLIESS.
MAN BRACHTE UNS ZUM BAHNHOF, WO EIN ZUG WARTETE.
DER WAGGON WAR SCHON VOLL, ALS WIR ANKAMEN. WIR WAREN SO ENTTÄUSCHT, DENN DER ZUG HÄTTE UNSERE RETTUNG SEIN SOLLEN.
PLÖTZLICH SCHRIE EINE FRAU.
WIR HABEN PLATZ FÜR DAS KIND!

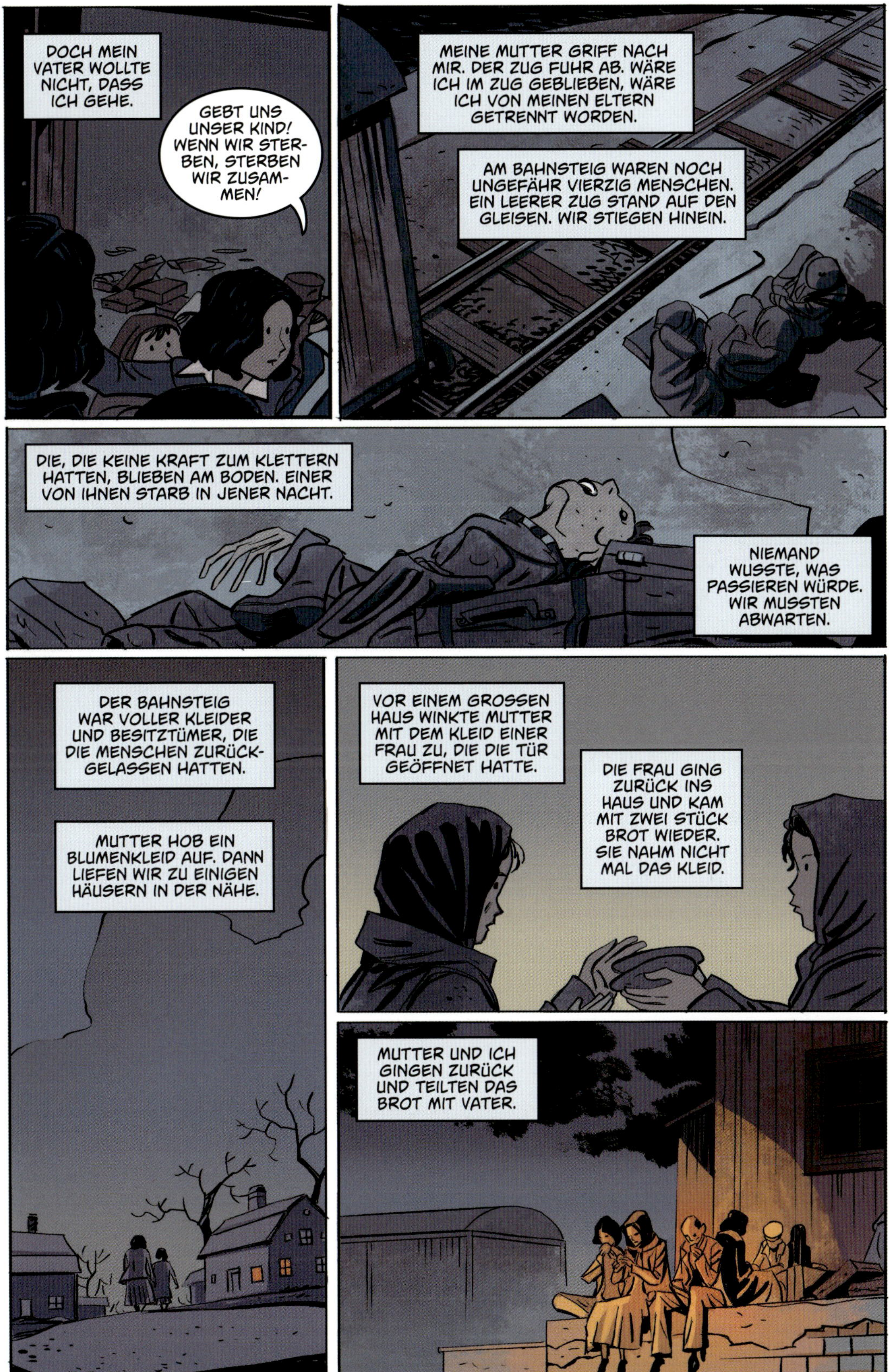
DOCH MEIN VATER WOLLTE NICHT, DASS ICH GEHE.
GEBT UNS UNSER KIND! WENN WIR STERBEN, STERBEN WIR ZUSAMMEN!
MEINE MUTTER GRIFF NACH MIR. DER ZUG FUHR AB. WÄRE ICH IM ZUG GEBLIEBEN, WÄRE ICH VON MEINEN ELTERN GETRENNT WORDEN.
AM BAHNSTEIG WAREN NOCH UNGEFÄHR VIERZIG MENSCHEN. EIN LEERER ZUG STAND AUF DEN GLEISEN. WIR STIEGEN HINEIN.
DIE, DIE KEINE KRAFT ZUM KLETTERN HATTEN, BLIEBEN AM BODEN. EINER VON IHNEN STARB IN JENER NACHT.
NIEMAND WUSSTE, WAS PASSIEREN WÜRDE. WIR MUSSTEN ABWARTEN.
DER BAHNSTEIG WAR VOLLER KLEIDER UND BESITZTÜMER, DIE DIE MENSCHEN ZURÜCKGELASSEN HATTEN.
MUTTER HOB EIN BLUMENKLEID AUF. DANN LIEFEN WIR ZU EINIGEN HÄUSERN IN DER NÄHE.
VOR EINEM GROSSEN HAUS WINKTE MUTTER MIT DEM KLEID EINER FRAU ZU, DIE DIE TÜR GEÖFFNET HATTE.
DIE FRAU GING ZURÜCK INS HAUS UND KAM MIT ZWEI STÜCK BROT WIEDER. SIE NAHM NICHT MAL DAS KLEID.
MUTTER UND ICH GINGEN ZURÜCK UND TEILTEN DAS BROT MIT VATER.

CHFF CHFF CHFF
DA KOMMT EIN ZUG!
PSCCHHHH
RAUS! LOS, SCHNELL!
DEN SCHWÄCHSTEN WURDE VON ANDEREN GEFANGENEN GEHOLFEN. VIELE TOTE WURDEN HERAUSGETRAGEN.
DIE MÄNNER WAREN DÜNN WIE SKELETTE. MIT EINEM MAL WAR DER BAHNSTEIG VOLL. ICH FAND EINE STECKRÜBE, DOCH AUCH EINER DER MÄNNER HATTE SIE ENTDECKT.
GEBT UNS ESSEN. BITTE!
EIN DEUTSCHER SOLDAT SCHLUG AUF DEN MANN EIN. SO LANGE, BIS ER AM BODEN LIEGEN BLIEB. ER WAR TOT.
DIE MÄNNER WURDEN INS LAGER GEBRACHT. DIE MEISTEN TOTEN LIESS MAN AUF DEM BAHNSTEIG.

* SUSANNA ERFUHR SPÄTER, DASS SIE ZUR SELBEN ZEIT IN BERGEN-BELSEN WAR WIE ANNE FRANK. BERGEN-BELSEN WAR DAS LAGER, IN DEM ANNE FRANK STARB.

AM 15. APRIL WURDE BERGEN-BELSEN BEFREIT.
ZWEI TAGE SPÄTER STARB MEIN VATER.
ER HINTERLIESS DREI DINGE IN EINER PAPIERTÜTE, DIE ER IMMER BEI SICH GEHABT HATTE.
IN DER TÜTE BEFANDEN SICH SEINE BRILLE, EIN BLEISTIFT UND SEIN TAGEBUCH.
SPÄTER SCHRIEB ICH DORT WEITER, WO ER AUFGEHÖRT HATTE.
MEINE MUTTER STARB UNGEFÄHR EINE WOCHE NACH MEINEM VATER. SIE KONNTE NICHT MAL IHREN KOPF HEBEN. EIN PAAR TAGE SPÄTER WAR AUCH ICH AN MEINE KOJE GEFESSELT.
NACKT UND IN LAKEN GEWICKELT, WURDEN WIR AUS DEN BARACKEN GETRAGEN UND IN MILITÄRAMBULANZEN GEBRACHT.
ICH HIELT DIE TÜTE MIT DEN DINGEN MEINES VATERS ENG AN MICH GEDRÜCKT.

MAN BADETE UND ENTLAUSTE UNS.
SO EIN DRECKIGES KIND!
ICH HATTE IN DER JÜDISCHEN SCHULE DEUTSCH GELERNT. ICH ERKLÄRTE IHR, DASS ICH MICH FÜNF MONATE NIE HATTE WASCHEN ODER MEINE KLEIDER WECHSELN KÖNNEN, WEIL WIR KEIN WASSER GEHABT HATTEN.
SIE ANTWORTETE NICHT.
WIR HATTEN KEINE KLEIDER, ALSO LIEFEN WIR ALLE IN BETTLAKEN HERUM. ES SAH AUS WIE IN EINER GEISTERSTADT.
AUCH NACH DER BEFREIUNG STARBEN VIELE MENSCHEN.
WIR BEKAMEN EIN PAAR KLEIDER, SEIFE UND ZAHNBÜRSTEN. DA ICH DAS EINZIGE KIND WAR, BEKAM ICH EINEN ZUSÄTZLICHEN KOFFER, IN DEM ES PLATZ FÜR EINEN KARIERTEN WINTERMANTEL GAB.
ALS WIR IN SCHWEDEN ANKAMEN, DURFTE ICH ALLES BEHALTEN. ICH BESASS DREI KLEINE KOFFER.

DAS TAGEBUCH MEINES VATERS BLIEB IM BERGEN-BELSEN-ARCHIV. AUCH SEINE BRILLE LIEGT DORT IM MUSEUM.

Susanna Christensen war eine der ersten Überlebenden, die Schulen besuchten und von ihren Erfahrungen während des Holocaust erzählten. Wo immer sie hingeht, hören ihr alle aufmerksam zu, und man empfängt sie mit großer Achtung. Sie denkt, dass es für junge Generationen heute wichtig ist, Menschen zu treffen, die den Krieg erlebt haben – besonders heute, da sie das Gefühl hat, dass der Hass auf Juden wieder zunimmt. Sie hat keine Angst mehr um ihrer selbst willen, hofft aber, dass ihre Nachkommen nie etwas von dem erleben werden, was ihr widerfahren ist.

Emerich
ICH ERFUHR DIE HEFTIGSTEN AUSWIRKUNGEN VON HASS UND GEWALT.
ICH WAR GEFANGENER IN FÜNF KONZENTRATIONSLAGERN. KEIN MENSCHLICHES WESEN SOLLTE SO ETWAS JE ERLEBEN ODER SEHEN MÜSSEN, WAS MIR WIDERFAHREN IST.
ICH WURDE IN EINER STADT GEBOREN, DIE FRÜHER IN DER TSCHECHOSLOWAKEI WAR. HEUTE HEISST SIE WYNOHRADIW UND IST TEIL DER UKRAINE.
ICH HATTE EINE GROSSE FAMILIE. MUTTER UND VATER, VIER JÜNGERE SCHWESTERN, EINE GROSSMUTTER, SECHS ONKEL UND 24 COUSINS UND COUSINEN.
NACHDEM UNSER TEIL DES LANDES TEIL VON UNGARN WURDE, ERSCHWERTE DAS UNSER LEBEN ERHEBLICH. DER ANTISEMITISMUS WAR SCHON SEIT JAHRHUNDERTEN TEIL DER UNGARISCHEN GESCHICHTE. UND PLÖTZLICH WAR ER AUCH EIN TEIL UNSERES LEBENS.
WIR HOFFTEN, DASS DIESER ALBTRAUM ENDEN WÜRDE. DOCH ER WURDE WEITAUS SCHLIMMER.

AUSCHWITZ-BIRKENAU.
WIR SAHEN DEUTSCHE SOLDATEN UND OFFIZIERE. SIE HIELTEN IHRE HUNDE BEREIT, UNS JEDERZEIT ANZUSPRINGEN.
SIE LIESSEN UNS IN ZWEI REIHEN ANTRETEN. EINE NUR MÄNNER, EINE FRAUEN UND KINDER. WIR SOLLTEN LANGSAM VORWÄRTSLAUFEN.
VOR UNS STAND EIN ELEGANTER MANN AUF EINER ART PLATTFORM. ES WAR EIN OFFIZIER. ER SAGTE KEIN WORT. ER ZEIGTE NUR NACH RECHTS ODER LINKS. ALS WIR NÄHER KAMEN, SAHEN WIR SEINE BLAUEN, EISKALTEN AUGEN, DIE UNS ANSTARRTEN.
SPÄTER ERFUHREN WIR, DASS DER MANN, DER ÜBER UNSER LEBEN ODER UNSEREN TOD ENTSCHIED, DR. JOSEF MENGELE WAR. ÄLTERE, SCHWANGERE FRAUEN, KINDER UND KRANKE MENSCHEN NACH LINKS.
DIE IN GUTER VERFASSUNG NACH RECHTS. DA MEIN VATER IM ERSTEN WELTKRIEG VERWUNDET WORDEN WAR, HINKTE ER. ICH DRÜCKTE FEST SEINEN ARM, DAMIT ER GERADE LIEF UND SIE ES NICHT BEMERKEN WÜRDEN. ES FUNKTIONIERTE, UND WIR KAMEN BEIDE NACH RECHTS. MEINE MUTTER UND GESCHWISTER WAREN IN DER ANDEREN REIHE.

MUTTER UND MEINE JÜNGEREN SCHWESTERN MAGDALENA UND JUDITH WURDEN AUSERWÄHLT ZU LEBEN.
VON DA AN WURDE ICH NUR NOCH ALS NUMMER BEZEICHNET. DIE OFFIZIERE BEFAHLEN, UNS ZU SETZEN UND ZU WARTEN.
165241
WIR KONNTEN DEN HOHEN KAMIN SEHEN.

NACH CIRCA VIER WOCHEN BRACHTE MAN UNS IN EIN KLEINERES ARBEITSLAGER. DORT MUSSTEN WIR STEINE BRECHEN.
MEIN VATER UND ICH BENUTZTEN VORSCHLAGHÄMMER. DIE ZERSPLITTERTEN STEINE BRACHTEN WIR MIT BLOSSEN HÄNDEN ZU DEN KARREN.
DIE STEINE WURDEN FÜR DEN STRASSENBAU BENUTZT. ES WAR EINE HARTE ARBEIT, UND OFT GAB ES UNFÄLLE.
DAS ESSEN WAR SO KNAPP, DASS VIELE VOR HUNGER STARBEN. DER HUNGER WAR EIN MITTEL, MIT DEM DIE GEFANGENEN KONTROLLIERT WURDEN.
WIR WAREN MÜDE, SCHWACH UND HATTEN NICHTS, WAS UNS HALF, DAS ALLES ZU ÜBERSTEHEN.
DER LEITER UNSERES LAGERS HIESS WULF.
ER NANNTE UNS SCHWEINE UND HUNDE UND SCHLUG UNS MIT SEINEM STOCK.
ER ZEIGTE UNS STETS SEINEN HASS. MANCHMAL LIESS ER JEMANDEN DIE GANZE NACHT DRAUSSEN STEHEN, IN EINEM FASS VOLL EISKALTEM WASSER.
SEINEN SCHÄFERHUND HINGEGEN KRAULTE ER DIE GANZE ZEIT.

ZWEI MONATE VOR KRIEGSENDE DACHTEN DIE DEUTSCHEN NOCH IMMER, SIE WÜRDEN GEWINNEN. STATT UNS IM LAGER ZURÜCKZULASSEN, ZWANGEN SIE UNS, MIT IHNEN ZU FLIEHEN.
ES KURSIERTEN GERÜCHTE, DASS DIE, DIE ZURÜCKBLIEBEN, ENTWEDER IN EIN ANDERES LAGER KAMEN ODER ERSCHOSSEN WURDEN.
MEIN VATER SOLLTE ZURÜCKGELASSEN WERDEN, DOCH ICH NAHM IN BEI DER HAND UND ZOG IHN MIT MIR.
NIEMAND BEMERKTE ES. „SOLANGE ICH LEBE", SAGTE ICH IHM, „BLEIBEN WIR ZUSAMMEN." ER WURDE IMMER SCHWÄCHER.

ICH HIELT IHN FEST UNTER SEINEM ARM, WÄHREND WIR MIT DER MENSCHENMENGE MARSCHIERTEN.
EIN SOLDAT KAM AUF UNS ZU UND SAGTE, HINTEN GÄBE ES EIN PFERD MIT EINEM KARREN FÜR DIE SCHWÄCHEREN MENSCHEN.
MEIN VATER WAR SO ERSCHÖPFT, ER SAGTE SOFORT ZU.
ICH SAH IHN NIE WIEDER.

SPÄTER ERFUHR ICH, DASS WIR UNGEFÄHR 30.000 GEFANGENE WAREN. IN GESCHICHTSBÜCHERN WERDEN DIESE MÄRSCHE ALS TODESMÄRSCHE ZITIERT. NUR WENIGE TAUSEND ÜBERLEBTEN DEN UNSEREN.
WIR KAMEN ZU EINEM BAHNHOF, AN DEM MEHRERE KARREN STANDEN.

WIR LEHNTEN UNS ANEINANDER, UM STEHEN ZU KÖNNEN.
PLÖTZLICH FINGEN DEUTSCHE SOLDATEN AN, UNS BROT ZUZUWERFEN. VIELE STARBEN IN DEM DURCHEINANDER, DAS ENTSTAND.

WIR KAMEN IN BUCHENWALD AN, EINEM BERÜCHTIGTEN KONZENTRATIONSLAGER, IN DEM ALLE AUF DEN TOD WARTETEN.

DIE FLUCHT DER DEUTSCHEN GING WEITER. NACH BUCHENWALD BRACHTEN SIE UNS NACH THERESIENSTADT.
ALS WIR DORT ANKAMEN, WAREN DIE DEUTSCHEN SOLDATEN BEREITS FORT.
CIRCA DREI WOCHEN SPÄTER BEFREITEN SOWIETTRUPPEN DIE GEFANGENEN.
IM LAGER WAR TYPHUS AUSGEBROCHEN UND VIELE STARBEN.
ICH KONNTE ETWAS RUSSISCH UND BAT DIE TRUPPEN, MICH MITZUNEHMEN.
ICH LANDETE IN EINEM KRANKENHAUS.
Больница
ALS MICH EIN ARZT INS BAD TRUG, KAMEN WIR AN EINEM SPIEGEL VORBEI.
ICH WAR EIN SKELETT MIT LEBENDIGEN AUGEN. ICH WAR EINUNDZWANZIG, 1,75 METER GROSS UND WOG 34 KILO.

ICH WOLLTE SO SCHNELL WIE MÖGLICH HEIM. EIN KLEINER TEIL VON MIR HOFFTE, DORT JEMANDEN VON MEINER FAMILIE ANZUTREFFEN.
SCHLIESSLICH KAM ICH ZURÜCK IN MEINE HEIMATSTADT.
ICH HATTE SO LANGE VON DIESEM MOMENT GETRÄUMT UND DAVON, ENDLICH FREI ZU SEIN. ICH HATTE MIR DEN MOMENT SO OFT VORGESTELLT.
ICH RANNTE, SO SCHNELL ICH KONNTE, UND SUCHTE UNSER HAUS. DA STAND ES VOR MIR. FENSTER UND TÜREN MIT HOLZPLANKEN VERBARRIKADIERT. ICH ZOG DIE BRETTER WEG UND SAH HINEIN.
ES WAR VÖLLIG LEER. ALL UNSER BESITZ, ALL UNSERE MÖBEL. ALLES WAR FORT.
ICH HATTE NUR EINEN GEDANKEN: NICHTS WIE WEG HIER!
ICH RANNTE ZURÜCK ZUM BAHNHOF UND SPRANG AUF EINEN FAHRENDEN ZUG.

MIR WAR EGAL, WOHIN DER ZUG FUHR. ICH REISTE WOCHENLANG DURCH EIN ZERSTÖRTES EUROPA.

ICH FUHR DURCH UNGARN UND ÖSTERREICH UND ERREICHTE EINE KLEINE STADT IN SÜDITALIEN. DORT BEGEGNETE ICH EINER GRUPPE JUGENDLICHER, DIE ÄHNLICHE GRAUSAMKEITEN DURCHGEMACHT HATTEN WIE ICH.

WIR BESCHLOSSEN, NACH PALÄSTINA ZU REISEN. EIN PAAR TAGE VOR DER ABREISE WURDE ICH KRANK. ICH HATTE TUBERKULOSE UND MUSSTE INS KRANKENHAUS.

DER LEBENSFUNKEN IN MIR WAR ERLOSCHEN. NICHTS WAR MEHR WICHTIG. DANN GESCHAH ETWAS, DAS ALLES VERÄNDERTE.

DIE LIEBE, DIE ICH ALS KIND ERFAHREN HATTE, KONNTEN MIR DIE NAZIS NICHT WEGNEHMEN.

Emerich Roth kam 1950 nach Schweden, in erster Linie, um bei seiner Schwester Elisabeth zu sein. Er studierte und wurde Sozialarbeiter und Therapeut. Er hat in Gefängnissen und als Betriebsleiter in einem Rehabilitationszentrum für misshandelte Jugendliche gearbeitet. Er wollte seine Erfahrung nutzen, um anderen zu helfen. Emerich glaubt, dass das Wissen über den Holocaust uns etwas über die Zukunft lehren kann. Eine Generation ohne historische Bildung ist schutzlos, wenn es darum geht zu verhindern, dass sich die Geschichte wiederholt.

Elisabeth
MEINE MUTTER HATTE NICHT VIEL FREIZEIT. SIE WAR MIT MIR UND MEINEN VIER GESCHWISTERN VOLLZEIT-BESCHÄFTIGT UND KÜMMERTE SICH UM DEN HAUSHALT.
MANCHMAL FUHR ICH ZU ILONA NACH HAUSE, SIE WAR DIE COUSINE MEINES VATERS. ICH HALF IHR MIT IHREM KLEINEN JUNGEN TOMIK. ICH LIEBTE IHN ÜBER ALLES.
WIR LEBTEN IN EINEM REIHENHAUS, DIE MEISTEN UNSERER NACHBARN WAREN JUDEN. GEMEINSAM HÖRTEN WIR IM INNENHOF RADIO.
SO ERFUHREN WIR DIE NACHRICHTEN. ICH ERINNERE MICH AN DAS GEFÜHL, DASS ES GAR NICHT GUT AUSSAH.

ES WURDE BEFOHLEN, DASS ALLE JUDEN IHRE HÄUSER VERLASSEN UND IN STRASSEN ZIEHEN MUSSTEN, IN DENEN SCHON VIELE ANDERE JUDEN WOHNTEN.
WIR WUSSTEN NICHT, DASS DASSELBE AUCH IN ANDEREN STÄDTEN IM GANZEN LAND GESCHAH. WIR ZOGEN 1944 INS GHETTO.
ICH ERINNERE MICH, WIE ICH DURCH DIE STADT LIEF UND UNSERE NACHBARN AM STRASSENRAND STANDEN UND UNS ANSTARRTEN.
IN SCHWEIGEN GEHÜLLT.

ALS WIR NACH AUSCHWITZ KAMEN, WAREN SCHON VIELE VON UNS DORT.
ARBEIT MACHT FREI
ICH DACHTE NICHT NACH. ICH FOLGTE EINFACH NUR DEN ANDEREN.
MAN BEFAHL UNS, UNSERE KOFFER AUF EINEN HAUFEN ZU WERFEN.
VIELE RANNTEN ZU IHREN KOFFERN, UM KLEINE ERINNERUNGSSTÜCKE HERAUSZUHOLEN.
SIE WURDEN SOFORT GESCHLAGEN. EINIGE KOSTETE ES DAS LEBEN. ICH VERSTECKTE MEIN ARMBAND IN MEINEM SCHUH.
DOCH SIE NAHMEN AUCH MEINE SCHUHE.

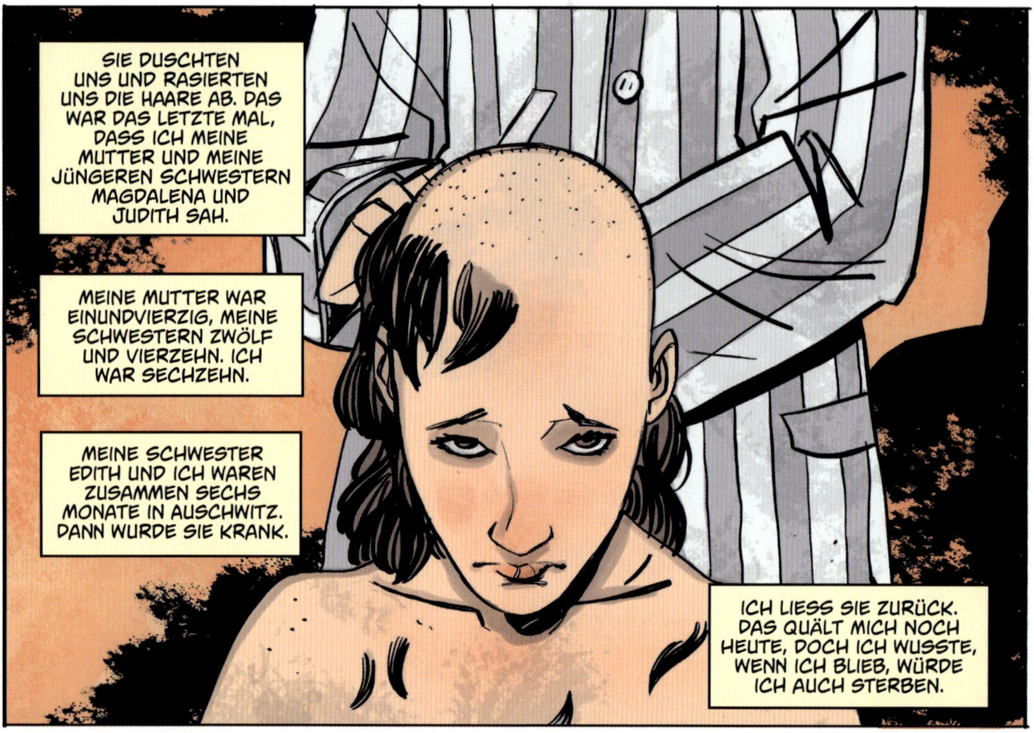
SIE DUSCHTEN UNS UND RASIERTEN UNS DIE HAARE AB. DAS WAR DAS LETZTE MAL, DASS ICH MEINE MUTTER UND MEINE JÜNGEREN SCHWESTERN MAGDALENA UND JUDITH SAH.
MEINE MUTTER WAR EINUNDVIERZIG, MEINE SCHWESTERN ZWÖLF UND VIERZEHN. ICH WAR SECHZEHN.
MEINE SCHWESTER EDITH UND ICH WAREN ZUSAMMEN SECHS MONATE IN AUSCHWITZ. DANN WURDE SIE KRANK.
ICH LIESS SIE ZURÜCK. DAS QUÄLT MICH NOCH HEUTE, DOCH ICH WUSSTE, WENN ICH BLIEB, WÜRDE ICH AUCH STERBEN.

ICH FEIERTE MEINEN SIEBZEHNTEN GEBURTSTAG MIT MEINEN FREUNDEN IN AUSCHWITZ.
AUCH MEIN VATER UND MEIN BRUDER WAREN ZU DER ZEIT IM LAGER, ABER DAS WUSSTE ICH NICHT.
ICH TRAF ILONA, DIE COUSINE MEINES VATERS, IN AUSCHWITZ. ICH WAR SO GLÜCKLICH, SIE ZU SEHEN, UND GLEICHZEITIG SO TRAURIG, DASS AUCH SIE DORT WAR.
ICH FRAGTE SIE NACH TOMIK. SIE SCHÜTTELTE DEN KOPF.
TOMIK WAR TOT.
MAN VERFRACHTETE UNS IN EINEN ZUG, ER FUHR ZU ZWEI ODER DREI LAGERN. EINES HIESS BRAUNSCHWEIG.

ALS DER KRIEG ENDETE, SETZTE MAN UNS IN EINEN ZUG. ER FUHR ZEHN TAGE LANG DURCH EUROPA UND HIELT AN DER GRENZE ZU DÄNEMARK.
ICH DACHTE, ICH WÜRDE IN DEM ZUG STERBEN. DOCH ICH ÜBERLEBTE. SIE WUSSTEN NICHT, WOHIN SIE UNS BRINGEN SOLLTEN.
ICH WAR SEHR KRANK.
ICH WEISS NICHT GENAU WIE, ABER WIR KAMEN IN MALMÖ AN, IN SCHWEDEN. DANACH IN EINER STADT NAMENS VÄXJÖ. UND DANACH IM SANATORIUM.
ICH WAR ALLEINE, ALS ICH IN SCHWEDEN ANKAM.

IM SANATORIUM HATTE ICH AUSBLICK AUF DEN PARK. DORT STAND EIN SCHILD, AUF DEM „VERBOTEN“ STAND. ICH DACHTE, DORT STÜNDE „VERBOTEN FÜR JUDEN“, ALSO WAGTE ICH MICH NIE NACH DRAUSSEN.
ICH DACHTE, ALLES WÜRDE NOCH MAL PASSIEREN. ICH BEGRIFF NICHT, DASS DER KRIEG ZU ENDE WAR.
NACH DEM SANATORIUM KAM ICH IN EIN FLÜCHTLINGSLAGER AUSSERHALB VON STOCKHOLM. ICH TRAF EIN PAAR ALTE FREUNDE UND JUNGS UND MÄDCHEN, DIE WIE ICH ÜBERLEBT HATTEN.
ICH FING AN, MICH ZU HAUSE ZU FÜHLEN. WIR WURDEN EINE KLEINE FAMILIE, DIE ZUSAMMENBLIEB. NOCH HEUTE BIN ICH MIT IHNEN BEFREUNDET.

MEIN ÄLTERER BRUDER EMERICH UND ICH WUSSTEN EIN JAHR LANG NICHT VONEINANDER, WO WIR WAREN.

ICH WARTETE, DASS ER ZU MIR ZURÜCKKAM. WÄHREND MEINER ZEIT IN SCHWEDEN SCHRIEB ICH MEINEM COUSIN IN PALÄSTINA. EMERICH TAT DASSELBE.

MEIN COUSIN REALISIERTE, DASS KEINER VON UNS WUSSTE, DASS DER ANDERE ÜBERLEBT HATTE. ER SETZTE UNS IN VERBINDUNG, UND DANACH SCHRIEB MIR EMERICH AUS ITALIEN, WO ER WOHNTE. 1949 FUHR ICH ZU IHM.

ABER JEDER MENSCH
HAT SEIN BÜNDEL ZU
TRAGEN. DIES WAR MEINS.

Elisabeth Masur sagt, es gibt keine Worte, um die Dinge, die sie durchgemacht hat, zu beschreiben. Sie hat versucht, ein normales Leben zu führen, aber ihre Erfahrungen verfolgten sie überallhin. Elisabeth hat zwei Kinder sowie Enkel- und Urenkelkinder. Sie sagt, dass sie im Laufe ihres Lebens viele glückliche Momente erlebt hat, aber sie hat sich nie als ganzer Mensch gefühlt.

Zeittafel

30. Januar 1933
Adolf Hitler, Vorsitzender der Nationalsozialistischen Deutschen Arbeiterpartei, wird Regierungschef in Deutschland.

1933–1935
Der Deutsche Reichstag führt erfolgreich Gesetze ein, die Juden vom Rest der Gesellschaft isolieren und ihre Freiheit und Möglichkeiten einschränken.

15. September 1935
Die „Nürnberger Gesetze“ werden in Deutschland verabschiedet. Juden haben keine Rechte als deutsche Staatsbürger mehr. Heirat und Geschlechtsverkehr zwischen Juden und Nichtjuden sind verboten.

12. März 1938
Deutsche Truppen ziehen in Österreich ein.

28. Oktober 1938
17.000 Juden polnischer Abstammung werden gezwungen, Deutschland in Richtung Polen zu verlassen.

9.–10. November 1938
Novemberpogrome: Juden werden gejagt und ermordet, ihr Eigentum wird zerstört, und in ganz Deutschland werden Synagogen niedergebrannt.

15. März 1939
Deutsche Truppen fallen in die Tschechoslowakei ein.

1. September 1939
Deutschland greift Polen an, und der Zweite Weltkrieg bricht aus. Tags darauf verkündet Italien ein Bündnis mit Deutschland. Großbritannien und Frankreich erklären Deutschland am 3. September den Krieg. Die schwedische Regierung verkündet Neutralität im laufenden Krieg.

17. September 1939
Die Sowjetunion dringt von Osten her in Polen ein.

21. September 1939
In Polen werden Juden gewaltsam in bestimmte Zonen, die Ghettos genannt werden, gebracht.

1. Dezember 1939
Alle in Polen lebenden Juden müssen den Davidstern sichtbar an ihrer Kleidung tragen. Später gilt dies auch für alle Juden in Deutschland und in den von Deutschland besetzten Gebieten.

1940
Deutschland fällt in Norwegen und Dänemark ein. Schweden erlaubt Deutschland den Transport von Soldaten und Waffen von und nach Norwegen über Schweden. Deutsche Truppen marschieren in Belgien, den Niederlanden und Luxemburg ein. Sie setzen ihre Reise nach Frankreich fort und besetzen Paris.

Deutsche Truppen greifen Großbritannien an. Große Teile Londons werden durch deutsche Bombenangriffe zerstört.

21. Juni 1941
Deutschland greift die Sowjetunion an.

7. Dezember 1941
Die japanische Luftwaffe greift den Marinestützpunkt der Vereinigten Staaten in Pearl Harbor an. Gemeinsam mit ihren Alliierten erklären die USA Japan, Deutschland und Italien den Krieg.

1941–1942
In Polen werden von den Deutschen sechs Vernichtungslager errichtet, darunter Auschwitz-Birkenau.

20. Januar 1942
Deutsche Offiziere versammeln sich vor Berlin zur Wannsee-Konferenz, um die „Endlösung“ für die „Judenfrage“ zu diskutieren. Der Plan: die systematische Ausrottung des jüdischen Volkes. 74.000 Juden werden in Vernichtungslager geschickt.

1942–1943
Deutsche Truppen deportieren Juden aus Ghettos in diverse Lager. Tausende werden in Gaskammern und durch Zwangsarbeit hingerichtet.

2. Februar 1943
Sowjetische Truppen besiegen die deutsche Armee vor Stalingrad (heute Wolgograd).

19. April 1943
Der Warschauer Aufstand bricht gegen die deutschen Truppen aus, der größte Widerstand im besetzten Europa, mit einer großen, bedeutenden symbolischen Wirkung.

Oktober 1943
Schweden heißt die dänischen Juden willkommen, von denen die meisten mit dem Schiff nach Schweden gelangen.

19. März 1944
Deutschland fällt in Ungarn ein. Bald werden Juden nach Polen deportiert.

6. Juni 1944
D-Day: Westliche alliierte Streitkräfte marschieren erfolgreich in die Normandie (Frankreich). Die Truppen kämpfen weiterhin in ganz Europa gegen die Nazisoldaten.

1944
Die Sowjetunion greift die deutschen Streitkräfte in Osteuropa an und macht sich auf den Weg durch Polen, wo sie mehrere Konzentrationslager entdeckt.

Jahreswechsel 1944–1945
Die deutschen Streitkräfte in Polen entkommen der sowjetischen Armee und zwingen mehr als 100.000 Gefangene aus den Lagern, meist zu Fuß, nach Deutschland zurückzukehren. Später wird dies als „Todesmarsch" bezeichnet, da eine große Zahl von Gefangenen an Erschöpfung starb oder unterwegs erschossen wurde.

1945
Die Alliierten bahnen sich weiter ihren Weg durch Europa, nach Deutschland, und entdecken Lager voller Gefangener, von denen viele so schwach sind, dass sie während der Befreiung sterben. Die Überlebenden erreichen Schweden mit den Weißen Bussen, einer Rettungsaktion, die vom Schwedischen Roten Kreuz koordiniert wird. Schweden begrüßt 10.000 Flüchtlinge, die in Krankenhäusern und Flüchtlingslagern im ganzen Land rehabilitiert werden sollen.

27. Januar 1945
Die sowjetische Armee befreit die meist kranken oder sterbenden Häftlinge aus den Lagern von Auschwitz. Im Jahr 2005 erklären die Vereinten Nationen den 27. Januar zum Internationalen Holocaust-Gedenktag.

30. April 1945
Adolf Hitler begeht Selbstmord.

7.–8. Mai 1945
Deutschland kapituliert. Der Krieg ist in Europa vorbei.

17. Juli–2. August 1945
Die alliierten Mächte entwaffnen Deutschland, dessen Kriegsindustrien werden zerstört, und die Verantwortlichen für die Verbrechen gegen die Menschlichkeit werden vor ein internationales Militärgericht geladen. Deutschland wird in vier Besatzungszonen unterteilt, die von Großbritannien, den USA, Frankreich und der Sowjetunion kontrolliert werden.

Sommer 1945
Überall in Europa werden Flüchtlingslager aufgebaut, um Gefangenen und Überlebenden des Holocaust zu helfen. Langsam finden die Überlebenden den Weg zurück in den Alltag. Es werden Büros eingerichtet, um Menschen zu helfen, ihre Familie und Freunde wiederzufinden, die ebenfalls überlebt haben, und um ihnen zu helfen, ihr Leben wiederaufzubauen.

August 1945
Die USA werfen Atombomben auf Hiroshima und Nagasaki in Japan ab. Hunderttausende sterben, und Japan kapituliert. Der Zweite Weltkrieg geht zu Ende.

24. Oktober 1945
Die Vereinten Nationen werden gegründet und ihre Statuten angenommen.

20. November 1945
In Nürnberg beginnt ein internationaler Prozess gegen die deutschen Kriegsverbrecher. Weitere Prozesse folgen.

Glossar

Alliierte: Militärisches Bündnis während des Zweiten Weltkriegs zwischen Nationen, die sich gegen Deutschland, Italien und Japan verbündet haben. Zu den alliierten Nationen gehörten Frankreich, Polen, das Vereinigte Königreich und später die Sowjetunion, die USA und China.

Antisemitismus: Vorurteile und Feindseligkeiten gegenüber dem jüdischen Volk.

Besetzung: Wenn ein Land einen Ort oder eine Gruppe von Menschen in einem anderen Land mit Gewalt übernimmt.

Davidstern: Jüdisches Symbol, ein sechszackiger Stern. Ab 1935 zwangen die Nazis die Juden, einen gelben Davidstern auf der Brust zu tragen.

Deportation: Verbannung oder gewaltsame Überführung von Personen von einem Gebiet in ein anderes.

Desinfektion: Material oder Menschen mit Chemikalien reinigen, damit Infektionserreger oder Krankheiten entfernt werden.

Gaskammer: Räume in einigen Vernichtungslagern, in denen die Nazis mit Autoabgasen oder Giftgas Massenmord begingen.

Ghetto/Judenviertel: Während des Zweiten Weltkriegs wurden Ghettos genutzt, um isolierte und eingeschränkte Lebensräume für Juden zu schaffen. Manchmal wurden auch Rumänen dort untergebracht.

Hakenkreuz: Symbol der Nationalsozialistischen Deutschen Arbeiterpartei. 1933 wurde es zum offiziellen Symbol des Deutschen Reichs.

Hitler, Adolf (1889-1945): Vorsitzender der Nationalsozialistischen Deutschen Arbeiterpartei und politischer Führer Deutschlands von 1933-1945.

Holocaust: Der Nazivölkermord an Juden, Sinti und Roma, Menschen mit Behinderung und Dissidenten.

Jiddisch: Sprache, die vor dem Zweiten Weltkrieg von der Mehrheit der Juden in Mittel- und Osteuropa gesprochen wurde.

Kapitulation: In einem Konflikt aufgeben.

Konzentrationslager: Lager, in denen Häftlinge wegen ihrer Religion, ihrer politischen Ansichten, ihres ethnischen Hintergrunds, ihrer sexuellen Orientierung oder wegen Kriminalität zur Arbeit gezwungen und weggesperrt wurden.

Novemberpogrome: Auch Reichskristallnacht. Judenverfolgung in der Nacht vom 9. auf den 10. November 1938. Viele Juden wurden ermordet, Tausende wurden verhaftet und ihre Häuser, Geschäfte und Synagogen zerstört.

Lebensmittelmarken: Gutscheine zum Kauf von Lebensmitteln, wenn die Vorräte während des Kriegs knapp werden.

Mengele, Josef (1911-1979): Chefarzt in dem Konzentrationslager Auschwitz. Er führte rücksichtslose Experimente an den Häftlingen durch und wählte aus, welche Juden bei ihrer Ankunft in Auschwitz direkt in die Gaskammern gehen mussten.

Nationalsozialistische Deutsche Arbeiterpartei: Kurz NSDAP. Deutsche politische Partei von 1920 bis 1945. Auch Nazipartei genannt. Eine deutsche politische Bewegung mit einer antidemokratischen Ideologie. Die Nazis wollten eine deutsche Gemeinschaft schaffen, die keine Juden, Rumänen, Homosexuellen, Dissidenten oder behinderten Menschen umfasste.

SS: Die Schutzstaffel, eine militärische Organisation der Nazis in Deutschland in den Jahren 1925 bis 1945. Sie begannen als Leibwächter für Adolf Hitler, erweiterten aber schnell ihre Macht, förderten die Naziideologie und überwachten die Vernichtung der Juden.

Synagoge: Jüdischer Gemeindesaal für Gottesdienste.

Todesmärsche: Märsche, die die Häftlinge zu Fuß zurücklegen mussten, als die SS alle Konzentrationslager leerte, da sich 1945 die Alliierten näherten. Eine große Zahl der Häftlinge starb an Hunger, Erschöpfung oder wurde während der Märsche erschossen.

Tuberkulose: Eine Krankheit, bei der die Lunge von Bakterien angegriffen wird; heilbar mit Penicillin und anderen medizinischen Behandlungen.

Typhus: Eine während des Zweiten Weltkriegs unter Soldaten, in Ghettos und Lagern weitverbreitete Krankheit. Unbehandelt war sie tödlich.

Vereinte Nationen (UNO): Von den Alliierten nach dem Ende des Zweiten Weltkriegs gegründet, um für internationalen Frieden zu arbeiten. Fast jedes Land der Welt ist jetzt Mitglied in der UNO.

Vernichtungslager: Lager mit dem Ziel, Massenmord zu begehen, hauptsächlich mithilfe von Gaskammern. Während des Zweiten Weltkriegs schufen die Nazis in Polen sechs Vernichtungslager, in denen hauptsächlich Juden, aber auch Rumänen und andere Menschen ermordet wurden.

Weiße Busse: Eine Mission des Roten Kreuzes, bei der Überlebende der Lager nach Kriegsende nach Schweden und an andere Orte transportiert wurden.

Weitere Informationen

Dieses Buch wurde von dem Buch „Survivors of the Holocaust" (Überlebende des Holocaust) von Kath Shackelton, Zane Whittingham und Ryan Jones inspiriert.

Einige der Informationen in diesem Buch stammen von dem Living History Forum und dem Schwedischen Antisemitismus-Komitee. Mehr Informationen auf deren Websites:

www.levandehistoria.se
www.skma.se

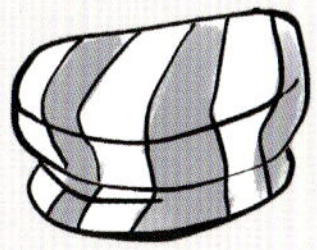

Und in Deutschland:
Die Bundeszentrale für Politische Bildung behandelt unter diesem Link die Themen „Nationalsozialismus", „Krieg" und „Holocaust":

www.bpb.de/izpb/151922/nationalsozialismus-krieg-und-holocaust

Danksagungen

Tobias Rawet
Livia Fränkel
Selma Bengtsson
Susanna Christensen
Emerich Roth
Elisabeth Masur

Dafür, dass Sie die Kraft haben, denjenigen von uns, die das alles nicht durchgemacht haben, von Ihren Erfahrungen zu erzählen, damit wir sie den uns folgenden Generationen erzählen können.

Vielen Dank an das Schwedische Komitee gegen Antisemitismus, an das Living History Forum, die Vereinigung der Holocaust-Überlebenden in Schweden und den Order of the Teaspoon für Ihren Einsatz, um die zukünftigen Generationen zu informieren, aufzuklären und mit ihnen zu ergründen, wie sie bessere Entscheidungen treffen, mutig sein und die Welt zu einem besseren Ort machen können.

Vielen Dank, Jonna Wolff.
Vielen Dank, Suzanne Kaplan.
Vielen Dank, Ingrid Lomfors.
Danke, Marie, dass du mir diese Gelegenheit gegeben hast, und Peter, dass du diesen Geschichten Leben eingehaucht hast.
Danke, Kerstin, dass du das verständlich gemacht hast.
JBB

An Scott Allie dafür, dass er mich zu einem besseren Künstler gemacht hat.
Ohne dein Feedback über die Jahre hinweg wäre dieses Buch nicht möglich gewesen.

An Mike Mignola.
Dein Stil hat das alles noch mehr beeinflusst als unsere jüngste Zusammenarbeit.

An Chris Golden, der es mir ermöglicht hat, zusammen mit einem großen Schriftsteller an so vielen Büchern herumzufeilen.

An Katii O'Brien und Jenny Blenk für das anhaltende herzliche Feedback zu meiner Kunst.

An Marie Augustsson und Jessica Bab Bonde dafür, dass sie mich als Künstler für dieses Buch ausgewählt haben.

An unser Team von Natur och Kultur, das die schwedische Ausgabe erstellt hat.

Und an alle Überlebenden, die mir erlaubt haben, ein kleiner Teil Ihrer Geschichte zu sein.

Ihre Stimmen werden für immer in mir leben.

PB

Jude

Europa
während
des Zweiten
Weltkriegs,
Grenzen
von 1939
NORWEGEN
Stockholm
SCHWEDEN
DÄNEMARK
Malmö
Ravensbrück
Bergen-Belsen
Berlin
NIEDERLANDE
DEUTSCHLAND
BELGIEN
Buchenwald
Theresienst
Frankfurt am Main
FRANKREICH
Strasshof
SCHWEIZ
ITALIEN
JUGOSLAV